究極のマヤの叡知

「13」×「20」

パート1「銀河の音」

本当の自分に戻れば全ての問題が解決する

越川宗亮

Sohsuke Koshikawa

コスモ21

究極のマヤの叡知「13」×「20」　パート1「銀河の音」

究極のマヤの叡知「13」×「20」――もくじ

1

人生に多大な影響を及ぼす古代マヤ文明の叡知「ツォルキン暦」と「銀河の音」

2

「銀河の音」が秘めている能力と役割
シンクロを引き寄せるキーワード

3

13の「銀河の音」でわかる組み合わせの妙味

4

マヤ文明が21世紀の人類に伝えたいこと

カバーデザイン◆中村　聡

プロローグ　「音」で世界を聴き分け「音」で世界を観る

ゾウやクジラは「観音さま」である

『観音』という字は「音」で世界を「観る」と書きます。音は振動を伴い、振動波と表現することもできます。

ゾウやクジラは「人間の耳には決して聴こえない超低周波から超高周波までの音を聴き分けることができ、同時に発信することもできる。また発信した超音波の反響波を受信して、音で世界を観ることができる」と映画『地球交響曲（ガイアシンフォニー）』の龍村仁監督が述べています。

「『音』で世界を聴き分け、『音』で世界を観る」

これは、この世のすべての存在は、固有の〝音（振動波）〟を発しているため、究極的には〝音〟を深く知ることで、すべてを理解できる。また世界、しいては宇宙の本質まで観ることができるということです。

四国全体とほぼ同じ広さを有する、ケニアにあるツァボ国立公園で30年以上にわたり、動物孤児院を運営しているのが、ダフニー・シェルドリックさん。彼女は『地球交響曲』の中で「ゾウ」について数々の秘話を交えながら、自らの活動と現実問題について語っています。

最初の秘話は、かつてツァボにいた素晴らしいメスのリーダーについてです。そのリーダーは広大なツァボを隅々まで知り尽くしていて、30年も群れを安全に導いてきたことに触れ、

「彼女（メスのリーダーゾウ）は、実は全く目が見えなかったのです」

と、衝撃の事実を公表しています。

この全盲のリーダーは、かすかな振動を含む微妙な領域の「音」を感じ取り、聴き分けながら道案内をしていたのでしょう。

これこそ「『音』で世界を観る」の典型ではないでしょうか。

また人間では聴き分けることのできない領域の「音」で交流することをテレパシーと表現しています。この能力を動物が普段から用いているのは当然のことで、とくに

ゾウは優れているといわれています。

次にその微細な音、テレパシーについて心が痛くなるエピソードを紹介しましょう。ここで登場するエレナは、ダフニーさんに動物孤児院ではじめて育てられたメスのゾウです。成長し自然界に戻ったエレナは、ダフニーさんが3歳まで育てた孤児のゾウを預かり、一人前に成長するまで〝義母〟の役割を果たしています。驚きの光景です。

「不思議なことですが、ゾウは象牙が自分たちの社会に大きな悲劇をもたらしていることをよく知っているのです。彼らは常に交信しています。エレナも必ず、野生の仲間からその情報を得ていたにちがいありません。

エレナは18歳の頃、生まれて初めて仲間の死体を見たとき、その死体から象牙だけを取り外そうとしました。孤児として育った彼女には、一度もその経験がなかったはずなのに、他の骨には触れず、象牙だけを取り外そうとしたのです。

エレナは象牙がもたらす悲劇の意味を知っていたのです。野生のゾウたちは、殺された仲間の遺体から象牙だけを取り外し砕き、遠くの森に運んで隠します。

これが、理不尽な死を迎えた仲間に対する最後のはなむけなのです。

しかも彼らは、人間と同じように仲間が亡くなった場所を何度も何度も訪れます。彼らは『死』ということの意味を知っているのです。エレナは野生の仲間からすべての情報を得ています。それでもなお、人間を愛しているのです」（ダフニーさん）

「（密猟で）目の前で母を殺され、牙を抜かれるのを見たゾウの赤ちゃんは、心に深い傷を負います。夜通しで泣き叫び、眠ることもできません。その子が再び生きる力を取り戻すのには、3～4か月もかかります。そしてたとえ生き延びたとしても、その記憶は決して消えないのです」（ダフニーさん）

自然とのつながりを失った人間がエゴに走り、いかに大きな被害を自然界に及ぼしているか。

そしていつの間にか、人間は技術優先の消費社会をつくり、自然界に計り知れないダメージを与えてきました。

一方、クジラ研究の世界的権威であるロジャー・ペイン博士は「クジラの歌」の研究で広く知られています。

「『音楽は人類誕生のはるか以前からこの世にあった』というのが私の考えです。言い換えれば、音楽は人類が初めて作ったものではない。その証拠は、クジラの歌です。

彼らは人間と同じ作曲方法で歌を作りますが、人間とクジラとの間にはおよそ6000万年の間、直接の交流はありませんでした。人間は人間、クジラはクジラで、別々に歌を作ってきたのですが、それがとてもよく似ている。だからこそ、人間もクジラの歌に感動する。

この事実は、音楽の起源が、人間やクジラよりはるか以前にある事を示しています」

(ロジャー・ペイン博士)

水深400メートル以下の深海には、「音」が地上の3倍以上の速さで伝わる地帯があるといわれています。クジラはその海の通信回路を使い、遠くの仲間たちと微細な「音」を使い、ひんぱんに交信しています。シロナガスクジラはたった3頭で世界一周の交信ができ、太平洋の両端にいても情報交換ができるとのこと。

ゾウとクジラの「音」に対する際立った反応には驚嘆します。

またクジラといえば、２０１２年11月25日に放映されたＮＨＫスペシャル『大海原の決闘！　クジラ対シャチ』という番組が強く印象に残っています。その後、再放送されていますが、不思議と私はこの番組を出張先で都合３回ほど見ています。その度に、クジラが示す人間以上とも思える「無償の愛」に感動を覚えました。

番組の中で、親クジラと一緒に北上を続けていた子クジラが迷子になってしまいます。早速、その子クジラはシャチの絶好のターゲットとなり、シャチ軍団に襲われてしまいます。それを発見した別種のクジラが周囲にいる仲間のクジラと交信し、助けに向かいます。軍団同士のまさしく生命を賭けての闘いの始まりです。長時間の激闘の末、クジラ軍団がシャチ軍団を追い払います。そして助けた別種の子クジラを安全な海域まで送り届けるのです。

迫力満点の映像と何ら血縁もない別種の子クジラを守るため、自らの生命の危険も顧みずに闘う姿勢は圧巻でした。その番組でクジラの姿を見て、心から反省したことを鮮明に覚えています。

ゾウとクジラ、それぞれ陸と海を代表して「音」を聴き分け、テレパシー（微細な音）で交信しながら「音」で世界を観て、最大限の愛を示しています。「音」で世界を聴き分け、「音」で世界を観る。そして無償の愛に生きる姿は、何の異議もなく「観音さま」そのものです。

人間と同等の大きな脳を持つゾウとクジラ

「ゾウもクジラも、人間と同等の複雑で深い皺《しわ》の刻まれた大きな脳を持っている。人間の場合は、この新皮質部分に『知性』が宿り、科学技術の進歩を生み出したと考えられている。ところがゾウやクジラの場合は、人間と同等の複雑な脳を持っているにもかかわらず、道具や技術文明は全く持っていないように見える。だとすれば彼らは、その深い皺の刻まれた大きな脳をいったい何に使っているのだろうか」と龍村監督。

今日の日本や世界の状況を鑑みると、私たち人間は「脳の使い方をまちがったのではないか」という疑念が湧いてきます。技術優先社会をつくり上げ、地球環境、しいては宇宙ゴミの問題まで話題になるほど、自然界や宇宙との融合がなされず、地球や宇宙にまでダメージを与え、将来に大きな課題、難題を残しています。

これからの時代は、ゾウやクジラをはじめとした自然界から学ぶ姿勢をとらない限り、何ら解決のメドが立たないのではないでしょうか。このままでは問題ばかりが噴出し、収拾がつかなくなってしまいます。

もし人間が地球や自然を大事にし、つながりを感じながら脳を使っていれば、ゾウやクジラに匹敵する「音」を聴き分けたり、無償の愛に生きることが無理なく自然にできたにちがいありません。

悲しいことに現実は「富と名声」を求め、技術優先で経済的豊かさばかり追う消費社会をつくり上げてしまいました。

今日までを振り返り、本来の脳の使い方とは全くちがう方向に進んでしまった問題の本質はどこにあるのでしょうか。そこに目を向けてみましょう。

偽りの「人工時間域」と本来の「自然時間域」

同等の大きな脳をもった「人間」と「ゾウとクジラ」は、まず生きている「時間域（時間軸）」と「時間に対する認識と感覚」が全くちがいます。

古代マヤ文明の叡知《えいち》は「時間思想」が最も中心となるテーマです。私たちが今生きている偽りの人工時間域である西暦（グレゴリオ暦）から本来の自然時間域に多少シフトするだけで、人生は画期的、劇的に変容を遂げるのです。感じ方、考え方、生き方までも根底から変わってきます。

私たちの細胞の隅々まで染み込んでいる西暦（グレゴリオ暦）という人工時間域。これを超えた体験をもった方々が世界には多数存在します。それどころか私たちも人生の一場面で少なからず、人工時間域を超えた体験をしているのです。「時間域を超える」をイメージしやすくするために、具体例を挙げてみることにしましょう。

わかりやすい典型が「臨死体験」です。この体験者は、時間の拘束を受けない領域や世界を実感しています。国内だけでもかなりの数に上るでしょう。

「臨死体験」に共通するといわれるのが、以下の９つです。
①奇妙な「音」を聴く
②表現できないほどの安らぎ
③体外離脱し上空から自分の肉体を眺める
④暗いトンネルを突き抜ける
⑤天に昇っていく感覚
⑥すでに他界している親族に出会う
⑦宇宙の本質（神のような精神的な存在）との遭遇
⑧自分の生涯が走馬灯のようによみがえる
⑨肉体への帰還
「臨死体験」も「音」から始まっています。この体験を通じ、最も大事な人生の本質を垣間見、体験者たちはその後、本などで、この世の時間感覚とは全くちがう世界に

ついて述べています。

また、人数は限られていますが、地球を離れ、宇宙空間を体験した宇宙飛行士も時間軸の変化を体感しています。

「嬉《うれ》しかったのは、宇宙には調和があり、創造の力があることを感じたときだ。悲しかったのは、人類がそれを知りながらそれに反対する行為をしているのに気づいたときだ」

アポロ14号の月着陸船のパイロットで、月面を歩いた6番目の人間になったエドガー・ミッチェル飛行士の言葉です。

同じく月に行ったアポロ飛行士が、「月面では疑問に思ったことに対する答えが瞬時に返ってきた」と語っています。

どうも人工時間域を超えた領域は、宇宙の叡知にチューニングしやすく、一問一答の世界で、しかも無限の可能性に満ちているようです。「この世」的な時間の概念を超えたゾウやクジラの脳は、常に宇宙エネルギーとチューニングしやすい状態にあるのではないでしょうか。それゆえ、クジラ軍団は何の迷いもなく、シャチ軍団に襲われた子クジラを助けに向かったにちがいありません。

また海中に一定時間留まることも人工時間域を抜け出すことになります。

「深海のグランブルーの世界に入っていくと、もうそこには何の制約も限界もない。心が無限に広がっていく。

完全な静寂と平穏、そのとき聞こえるというう『あの音』。聴こえるというより、『その音』そのものに包まれるのです。宇宙に満ちている命の波動。幻覚ではなく、本当に聴こえるんです」

と、世界的ダイバーであるジャック・マイヨールは回想しています。ここでも「音」が登場します。

自然界の真っただ中に飛び込むことも人工時間域を超えることです。宇宙につながっている自然界は、この世的な時間の概念の影響は皆無なはずです。

2014年10月1日より京都大学総長に就任した山極寿一《やまぎわじゅいち》教授は、アフリカの奥地でゴリラの集団とのべ6年にわたって寝食をともにしています。その中で多くの気づきを得たことを講演等で語っています。

世界に散らばっている古代からの伝統を守り続けている先住民の方々も、本来の自然時間域で生きている貴重な存在です。

人工時間域のただ中に存在する私たちも、瞬間的に自然時間域へシフトする局面があります。私利私欲を超え、純粋に無我の境地に至ったときにこれを体感します。かつて巨人軍の監督として9連覇を達成した川上哲治さんも、現役時代に「ボールが止まって見える」との名言を残しています。このような例は枚挙にいとまがありません。無我の境地にいたると時間感覚がなくなり時間軸がゆっくりになった感じがします。そのため、気がついたら、こんなに時間が経っていたということになります。

「時間域」のちがいが、人生にどう影響するか掘り下げてみましょう。

西暦に象徴される人工時間域のリズムのみで生きていくと「富と名声を求める人生」

に行き着きます。お金を追い求め、損得という打算が脳裏に焼きついてしまいます。

また、名声という他者の評価が常に気になります。これらを総称して「かたち中毒」と呼ぶことにしましょう。学歴や職歴、職業、社会的立場、資産、家柄……。すべて、かたちで評価し、判断する習性が身についてしまったのです。

これらは、本来私たちがもつ無限の可能性や能力を曖昧《あいまい》にし、ぼかしてしまうものです。また、極めて大事な本質と向き合うことを避けるようになってきます。

偽りの人工時間域を抜け出し、本来の自然時間域を生きることが「本当の自分」「本来の役割」を生きることに直結します。

具体的内容は本論に譲りますが、この「時間域のシフト（移行）」が起こり始めると、明らかに人生に変容が起こります。本格的に「本当の自分」「本来の役割」に向かい出すのです。

結果、不思議なほど、シンクロニシティ、ミラクルが起き続け、誘導されることを実感するでしょう。

また、私たちの「時間域」に多大な影響を及ぶすのが、「暦（カレンダー）」です。

次章で詳しく説明しますが、古代マヤ文明の叡知「ツォルキン暦（神聖暦）」は私たちを自然時間域へシフトさせるものです。「心のリズム」を変え、魂の帰還を加速させるエネルギーに満ちた暦といってもよいでしょう。

この「ツォルキン暦」を学び、生活に生かすことで無限の可能性の扉が開き、誘導され、予期せぬ人生を歩むようになります。

細胞の隅々まで染み込んでしまった人工時間域に風穴をあけるべく、膨大な「ツォルキン暦」をともに学んで参りましょう。


これまで再三登場した「音」。まず「音」に秘められた本質からみていきましょう。

そもそも人間は、ゾウやクジラのもつ「音」に関する能力と同等のものをもっているはずです。これが少し開花するだけでも、人生に希望が大きく広がるでしょう。

それでは「音」をイメージしやすいように、２つの文章を抜粋しました。何度も読み返し、味わってみてください。

「宇宙物理学者のブライアンスイムの文章に、美しい一節があります。『音は宇宙の創造に深く関わっている。我々の目にする銀河や星雲の形は、ビックバンのときに生まれた超低周波の音の波によって形造られている。一サイクル1000万年という超・超低周波の波です』

私自身も、この音の波が人間の思いや感情を形造るのに深く関わっていると思います」（クジラ研究の世界的権威・ロジャー・ペイン博士）

「人工的な機械の音は人間に害を与えて、真実から遠ざける。神によって創られた自然界の音を残すようにして。その音は真実についての情報と神の恩恵を宿していて、聴く人の自覚を助ける。そうすると癒しの力はもっと強くその人に働くようになる」（『アナスタシア』ナチュラルスピリット刊）

ゾウやクジラと同じように「音」を体感し、自分の心臓の鼓動と共鳴するように。

そんなイメージで日々を歩めば、本来の人間がもつ無限の能力と神秘に触れ、やがて至福の喜びを感じることでしょう。

さあ、古代マヤ文明の叡知を学び、魂・覚醒《かくせい》の旅へ出発しましょう。

1

人生に多大な影響を及ぼす
古代マヤ文明の叡知《えいち》「ツォルキン暦」と「銀河の音」

極めて精度の高い暦を使っていた古代マヤ人

マヤの科学水準は非常に高く、そのレベルは四大文明以上とさえいわれています。

マヤ人は、非常に正確な天体観測から得た暦を使っていたことが広く知られ、それが古代マヤ文明の基幹を形作っています。彼らが使用していた、いわゆる暦は、短期暦、長期暦、太陽暦、ツォルキン暦（神聖暦）など、おおよそ17～19種類。

「2012年12月の冬至辺り」で区切りを迎えると話題になり、『2012』という映画のきっかけになったのが長期暦です。これは、精緻《せいち》な天体観測から得られた太陽黒点の大周期936万日と、それを5分割した1872000日（約5125年）から計算されたものです。

短期暦は、360日の周期を13と20の比で割り振った約256年周期の暦。

またマヤにおいても太陽暦が使用されていましたが、現代世界で使われている「グレゴリオ暦」（1年を365・2422日と計算）に極めて近い365・2420日と計測されたものです。千年以上も前に計算されたこの精巧さは、驚異的なことではないでしょうか。

「ツォルキン暦（神聖暦）」は、260日周期の暦です。主に神官が神事を行うときに用いたとされ、「儀式暦」とも称されています。この「ツォルキン暦」こそ、マヤの時間思想の根幹をなすものです。

マヤでは、太陽暦とツォルキン暦の2つの暦を連動させ、さまざまに思考を重ねます。このため、365日と260日の最小公倍数である18980日（52年）が、非常に意味のある期間となります。

このようにマヤにおいては、数学と天文学の知識が突出して発達していましたが、その理由については今なお謎とされ、未知の領域に留まっています。

最強のツール「ツォルキン暦（神聖暦）」

この本は「『本当の自分』を取り戻し、そこへ向かう過程の中で『すべての問題を解決・解消する』」をテーマとした本です。

ここで示すのは表面的、一時的解決ではなく、『根本的な変革』を意味しています。

しかも、気づかないうちに劇的に変化を遂げているといったプロセスをたどります。


そんな抽象的な表現ではピンとこない。

そんな単純なものではないのではないか。

そう感じるのは当然のことでしょう。誰もが変わりたい、成長したいと願っていても、なかなか具体的方法を見いだせないのが実情ではないでしょうか。


その難題を突き破り、新たなステージを生きるために、この本の中で「最強のツール」として用いるのが「ツォルキン暦（神聖暦）」（以降、ツォルキンと表記）です。

この「ツォルキン」は古代マヤ文明で重視された暦の中でも、叡知の宝庫ともいうべき切り札的存在です。儀式暦とも呼ばれるこの暦は「13」×「20」＝260日周期のリズムから成り立っています。

まず「13」×「20」で表される「ツォルキン」の「13のエネルギー」を意識しながら日々過ごすだけで、驚くほど自分自身の感じ方が変わり、人生そのものが根幹から変容を遂げるでしょう。

この「13のエネルギー」とは何か。「ツォルキンとともに生きる」とはどのようなことか。画期的に人生が輝きを放ち「本当の自分」を生きる、その秘訣を古代マヤ文明から抽出してみましょう。

これまで10年を超える歳月の中、私が知るだけで数万人の方々の人生に、驚くほど見事に方向性を指し示してくれたのが「ツォルキン」でした。

「子どもの頃思い描いた通りの人生になった」
「未来に対する不安が全くなくなった」
「過去の呪縛やしがらみが完璧に取れ、明るい気持ちで暮らせるようになった」
「子育ての悩みや心配が氷解した」

「毎日、シンクロが起き続け、よりよい方向へ誘導されていることを実感している」

「金銭的悩みが時間とともに解消した」

「どんなことも受け止められる自分になれた」


感動的な体験を全国あちこちで耳にします。

「ツォルキン」と出合い、「本当の自分」を生きることを意識し、自分自身のリズムが変わると、考え方、生き方、そして人生までもが劇的に変わります。「ツォルキン」の視点からみれば「本当の自分」に戻るために、さまざまな出来事や事件は起こるといってもよいでしょう。起こるたびに、何らかの気づきを得、そこでリズムを変えるのです。

大事なことは「本当の自分」を生きることに強くフォーカスすることです。すると人生を歩む中で何が大事で、何が大事ではないのか、何をすべきで、何をすべきでないのか。これらが明確にわかってきます。自分の中に、しっかりした柱が立ち、不安が確実に消え去って行くのです。

「ツォルキン」は、私たちに行くべき目安を示す灯台のような存在です。これがあるかないかで、根本的な安心感が全くちがいます。

改暦で大きく変化したリズム

今まで私たちは、知らずしらず西暦（グレゴリオ暦）のリズムの中で日々を過ごしてきました。そもそも日本が今日使用している西暦に移行したのは、「明治の改暦」と呼ばれ、当時の政府が明治5年12月3日を明治6年1月1日に変えたことに始まります。

明治6年は、旧暦でいう「うるう月」のある年でした。その1年は通常よりひと月多い13カ月。12月3日の改暦で、計2カ月がなくなったことになりました。深刻な財政難にあえいでいた明治政府は、この措置で役人の給料を2カ月分削ることができたといいます。掛け売りを主とした商売人などは大変な思いをしたにちがいありません。

この改暦辺りから「自然時間域」から「人工時間域」への流れが加速し、物質主義、科学技術優先、とどのつまり「かたち中毒」へと一気にハンドルを切ったのです。すべてを「かたち」で判断し、一個人については「行動」と「結果」で評価する習慣がついてしまいました。

しかし、「かたち」はあくまで本質ではなく、いわば影のようなものです。一時的なものであり、そこに永遠性はありません。過度にそこにフォーカスすると、本質を見失い、最も大事な「本当の自分」にたどり着くことができなくなってしまいます。深い味わいをかみしめることのない、表面的で味気ない人生となってしまうでしょう。

また、西暦のリズムは私たち人間を「自然」から遠ざけ、生体リズムに「ゆがみ」や「ひずみ」が生ずるという結果を招いてきました。

例えば、松尾芭蕉の名句「五月雨《さみだれ》をあつめて早し最上川」

ここでの「五月雨」は5月の雨ではなく6月の梅雨で、水かさが増した最上川の様子を表現しています。また「五月晴れ《さつきば》」は梅雨時の合間に広がる晴れを表したものです。

このズレが時間の経過とともに、ゆがみを生み、本来の人間としての最も大事な五感などの敏感さを見失うという結果につながっているのはまちがいのない事実です。

長い年月にわたり、私たちの細胞の隅々に至るまで、この「グレゴリオ暦」のリズムが染み込んでいるのです。

「グレゴリオ暦」に象徴される「12：60」の人工のリズムから、「ツォルキン暦」の「13：20」の自然のリズムへシフト（移行）することで、無限の可能性の扉が開かれ、シンクロニシティ（共時性）とミラクルに溢れた日々を送ることが可能になるのです。

「時間」を「意識・エネルギー」と考えたマヤ人

マヤ人が使っていた暦は、自然と天文現象を精緻に観察し、その結果に基づいてつくられたものです。

しかし、それは単なる「天文学」という認識ではありません。マヤ人は「時間」を単に〝刻むもの〟ではなく、〝意識・エネルギー〟としてとらえ、考えたのです。

私たちは時間といえば、すぐに時計を思い出します。しかし、大事なことは、マヤにおける時間は、決して時計ではとらえられない「時間」なのです。

マヤの「時間」を理解し、少しでも感じるようになれば、私たちの時間に対する意識が変わり、リズムが変わり、しいては人生までが大きく変容を遂げるでしょう。

「本当の自分とは」「本来の役割とは」「どう生きるか」「どこへ向かったらよいか」すべてが明確に示されるでしょう。宇宙の本質やエネルギーを知り、そこに歩調を合わせることでシンクロニシティやミラクルも当然のように起こり続けるでしょう。

この辺りが、マヤの叡知が伝える重大なメッセージの概要です。

「13」という数字が意味すること

マヤの叡知の切り札ともいえる「ツォルキン暦（神聖暦）」の基本となるのは「13」×「20」のサイクルで、それを土台としています。

マヤでは、宇宙には創造主（神）の意識（エネルギー）が日々流れ、それがサイクル（13×20）によって構成されていると考えます。

その1つが「13」を基数としたサイクルです。この「13」という数字は、欧米を中心としたキリスト教文化圏で忌み嫌われてきた歴史があります。ビルなども12階の次が14階になっていたり、かつて死刑囚が死刑台に向かう階段が13段だったことから「13」は死刑の隠語として使われていたこともあったほどです。しかし、「13」は本来、「宇宙の定数」ともいうべき重要な数字なのです。

自然界や宇宙に見られる13にまつわる現象などは、次のようなものがあります。

①太陽のウォルフ黒点数の極小値の平均周期は、約130年（13×10年）である。
②地球の衛星である月は1年間でほぼ13回、地球の周りを回っている。
③地球の地軸にはブレがあり、これが円錐運動を起こしているとされます（地球の歳差運動）。その周期は26000年、つまり26000＝13×20×100である。
④海の波の周期は1分平均18回で1日26000回前後。
⑤人の呼吸の回数は1日当たり26000回前後（1分平均18回として）。

⑥火星の会合周期（太陽―地球―火星と並んだ時点から数え、次に同様の状態になるまでの日数）は７８０日（13×60日）。
⑦生物の絶滅の周期２６００万年（シカゴ大学Ｊ・セプコフスキー、Ｄ・ラウプ氏）。

④の寄せては返す海の波の数（１日当たり）と、⑤の呼吸の数（１日当たり）はほぼ同じです。私たちが海に出かけ、波の音を耳にすると心が妙に落ち着くのは、波の周期のリズムに私たちの呼吸のリズムが一致することが大きな要因でしょう。

このように13という数字は、自然界や宇宙の至るところに潜み、真実を秘めているのです。それゆえ、この13という数が真理や真実を知るキーポイントとなります。

封印されてきた「13」

私たちが今使っている時間は60秒、60分、12時間、12カ月で表される12進法と60進法です。

現代文明は、およそ５０００年前にエジプトやバビロニアで始まりました。そのときエジプトやバビロニアの神官たちは、それまで使っていた13のサイクルの暦を隠し、新しく12のサイクルの暦や〝時間〟を無条件に受け入れ、これに従う生活が習慣化されました。

なぜ13というサイクルが、12というサイクルに変わってしまったのでしょうか。当時の神官たちが、13から12のサイクルの暦に改編したのには、ある狙いがありました。それは13のサイクルに現れてくる「真理」「真実」を隠すことによって、人々を容易に支配できることを知っていたからです。真実を知らない人々を支配し、従属させるために12のサイクルを使用し利用したのです。

それ以来、地球の多くの地域で12：60というサイクルの「時間」が人々の心に定着するようになりました。「時間」は過去から未来へ流れるだけのものと認識され、それ以外の意味はなくなってしまったのです。

この12：60の時間が歴史にもたらしたものは、富と支配、そして〝権威〟の論理でした。その結果、人類は特定の支配者のもとに従属させられるようになり、つくられた〝権威〟を盲目的に信じ込まされ、支配に逆らう者を屈服させるための争い、すなわち戦争へ駆り出されたのです。

そして今日では〝富〟と〝名声〟という言葉に象徴されるように、〝利害〟や〝打算〟、そして〝他者からの評価〟に価値を置いた、いわば「かたち中毒」へ行き着いています。1人の人間の価値を学歴、職歴、社会的立場、資産など「かたち」ですべてを評価する傾向が色濃く幅をきかせています。

また12：60のリズムは競争や比較、争いを好みます。自分の立場を強固にし、維持するためには手段を選ばず、個人攻撃でも何でも仕掛けます。

支配者たちが、13のサイクルを消し去ったことによって、人々の目には真実が見えなくなりました。これによって、もともと「時間」がもっていた宇宙からのメッセージも、失われることになったのです。

私たちは、競争や比較、争いを好む12：60の時間の心を離れ、今こそ自然の調和と秩序をもたらす13：20のサイクルへ、心の中心軸を移動させなければなりません。

これこそが、世界人類から個人が抱えるすべての問題や課題に対する究極の解決法に他なりません。

ツォルキン暦の13：20に秘められたメッセージを伝えることが、しいては人類が向かう未来に明確で希望溢れる方向を示すことにつながります。膨大な「ツォルキン暦」の叡知の中で、まず13のサイクルから触れてみましょう。

13の「銀河の音」とは

マヤでは13は特別な数字です。時間の流れを13で表し、13のサイクルで1つの流れを形成するとしています。すなわち、13日間ごとに時間の流れが変化すると考えるのです。

時間の流れのサイクルは13日サイクルだけでなく、52日、260日、4年、13年、26

年、52年というサイクルがあります。

13日間のサイクルは最小サイクルであり、47ページの上表のように「点と棒」の組み合わせで13種類のマヤ数字が表示されます。

マヤの「時間の法則」を周期律表として表したホゼ・アグエイアス博士によれば、銀河の中心からパルス波、パルス光線が発せられているといいます。パルス波とは心電図に見られるような「パッ、パッ」とした断続的な波形のことです。それが13種類あって、13日間にわたって毎日1種類ずつ発せられているといいます。

この点と横棒で表される13種類の音を「銀河の音」と呼びます。

この「銀河の音」は創造的な力、エネルギーの元となるもので、具体的には能力となって表れ、役割とも通じるものです。

また13種類の「銀河の音」は、宇宙創造のプロセスが13段階を経たことを示していいます。そのため私たちが物事に取り組むときなど、このプロセスを吟味しながら進むことで多くの気づきを得ることになるでしょう。

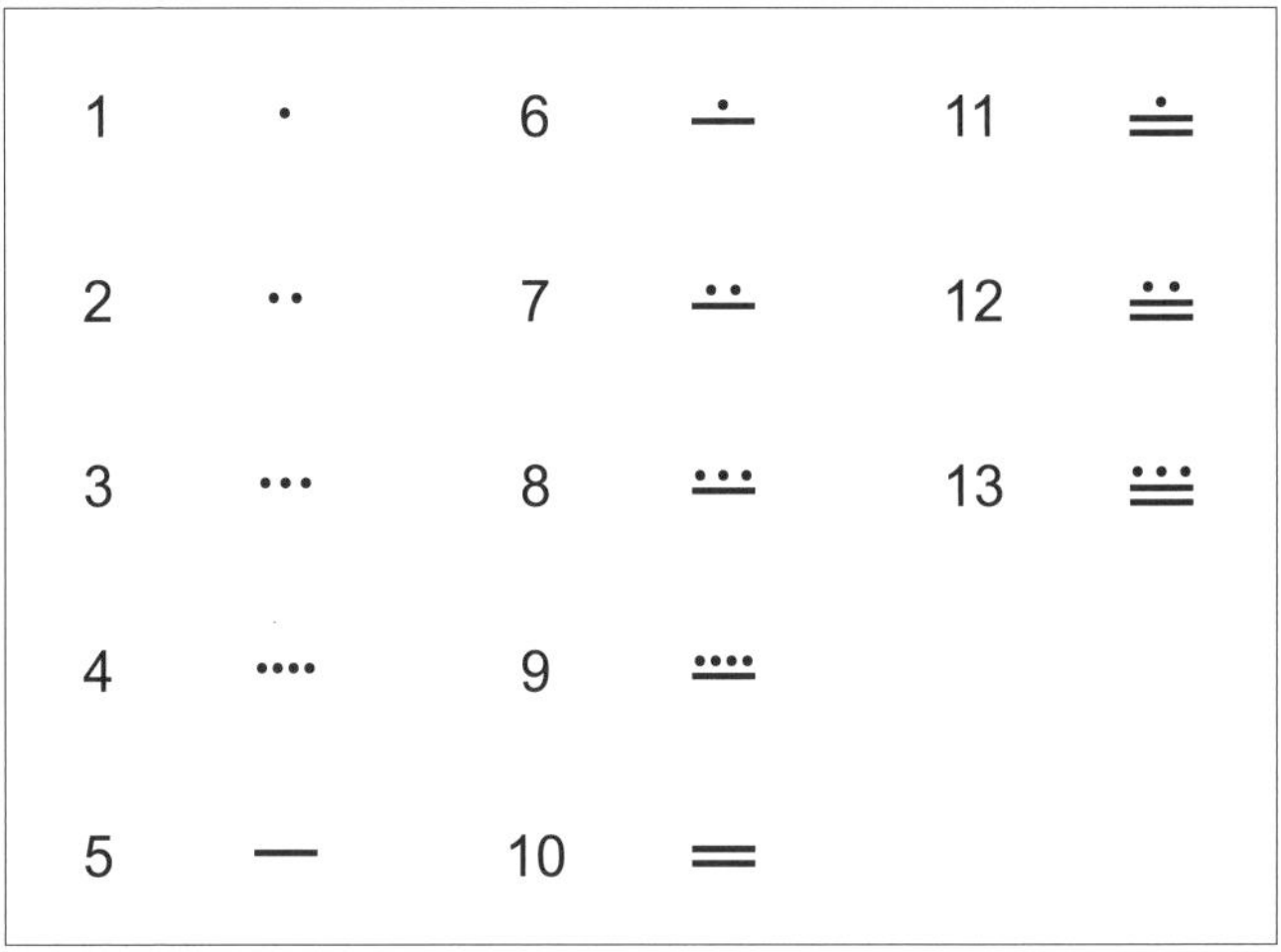

銀河の音を表すマヤ数字：点が1の単位、横棒が5の単位を表す

「銀河の音」の出し方

自分自身の「銀河の音」を確定させる方法を説明しましょう。まず巻末の「西暦とツォルキンの対照表」を使い自分の誕生日からキン（ＫＩＮ）ナンバーを出します。キンとは「その日１日」「その人１人」を表すマヤの単位です。このキンナンバーこそ、灯台のようなものです。

「本当の自分」「本来の役割」へ向け、進むべき方向性を示してくれる極めて大事な数字です。人生に多大な影響を及ぼす「運命の刻印」ともいえるでしょう。この数字を巻末254ページの「ツォルキン表」で探し当てます。そのキンナンバーの上に示されている「点と棒」が「銀河の音」となります。

マヤの数字の表記では点（・）1つが1、横棒線（—）1つが数字の5を表します。例えば「横棒が1本、点が2つ」であれば、「銀河の音」は5＋2＝7となり、「横棒が2本、点が1つ」であれば「銀河の音」は5＋5＋1＝11となります（47ページ表）。

・iPS細胞でノーベル生理学・医学賞を受賞した山中伸弥教授を例に見てみましょう。同教授の誕生日は1962年9月4日。巻末の「西暦とツォルキンの対照表」でその日を調べると、「49」という数字であることがわかります。

「ツォルキン表」で「49」を確認すると、横棒が2本ですから、山中教授の銀河の音は10ということになります。

このようにして求められた数字が、あなた自身の「銀河の音」です。

「銀河の音」を知ることで「本当の自分」がみえてくる

「銀河の音」が確定すれば、自分のＤＮＡに刻まれているであろう「創造的な能力」「無限の可能性」そして「本来の役割」の目安を知ることになります。方向性を定めるときの大きな指針ともなるでしょう。また方向性が出しやすくなります。

そもそも「銀河の音」は「心の刻印」「心のＤＮＡ」という側面をもっています。すでにこの地上に生を享《う》けた瞬間に刻印されている「本当の自分」「本来の役割」を解明する大きな手がかりとなるでしょう。

思考、価値観、習慣は人それぞれにちがいます。ある人は「たった一度の人生。毎日を楽しく、おもしろく生きることができればそれで満足だ」といい、ある人は「心豊かに生きることこそ、一番の幸せだ」といいます。

また、ある人は「競争に勝って、経済的豊かさを手に入れることが人生における成功だ」と考え、「人を愛さなければ、生きていても意味がない」と思っている人もいるでしょう。この志向、視点のちがいはどこから来るのでしょうか。

それを解き明かす大きなカギとなるのが「ツォルキン暦」であり、その大きな一歩となるのが「銀河の音」にあるのです。

私たちは「銀河の音」の意味を知ることにより、もって生まれてきた「創造的な能力」「本来の役割」を知り、登る山、到達点の目安を知ることになるでしょう。

また「銀河の音」のプロセスに従い物事に向き合うことで、問題の本質、解決策や解消法などを容易に見いだすでしょう。その波形を知ることは、リズムを知ることであり、そのリズムに親しむことで、宇宙エネルギーの波に乗って日々を生きるようになります。すると日々、シンクロニシティが続出し、本格的に誘導される人生が始まるのです。

そのような生き方こそ、「本当の自分」を生きることではないでしょうか。

また「本当の自分」を強く志向し、そこに向かう中で、私たちの魂の成長は大いに加速するのです。これこそ周囲の環境や世俗的な価値観に翻弄されることなく、光り輝く人生の「主人公」を生きる秘訣ともいえるでしょう。

「銀河の音」を知ることは「本当の自分を生きる」スタートラインに立つこと

自分がこの地上に生を享けた日に、銀河の中心から発せられた「銀河の音」は、エネルギー（東洋的には「氣」）であり、それを深く知ることがとても重要です。そこには、シンクロニシティに誘導され、無限の可能性が広がるポイントが明示されています。

よく「人は最も自分にふさわしい日を選んで生まれてくる」といわれています。それを実証することも可能です。

音1から音13までの13種類の「銀河の音」には、創造的な力の機能と行為があるとされています。「個人の能力、役割」から「プロジェクトを成就するための流れ」の確認にも極めて有効です。さっそく、それぞれの「銀河の音」の大まかな「流れ」について確認してみましょう。

音1……「意思決定」「引きつける」

すべては「意思決定」から始まります。そのために必須条件となるのが「目的」です。その明確さと、ここで問われるのが「何のために」という意図や動機の純度です。この純度が高いほど、モチベーションは長く続き、継続するでしょう。するとその途上で、必要なものが次々に引き寄せられ整ってくるという現象が立て続けに起こります。

それを現実にするためにも心を1つとして結束して取り組むことです。

創始者あるいは、道を切り開く役割に満ちた人です。

音2……「二極性」「分ける」

宇宙はプラスとマイナス、陽と陰、男と女、光と影など2つの相対する性質のもので成り立っています。この「2」から関係が生じてきます。すべての関係は「尊重」で成り立ちます。決して比較したり、自分の思いを必要以上に通そうとしないことです。互いに「尊重」することでよりよい関係を維持することができます。

「2」は選択をも意味するため、迷いと葛藤《かっとう》がひんぱんに生じやすい傾向にあります。また直感的で鋭い面があるため、自分の直感を信じ従うことも大事です。心の反応に意識を向けてみましょう。問題の本質がみえてくるでしょう。

直感力、瞬発力、瞬間的な判断力を必要とする場面には極めて有効な人材です。

音3……「活性化」「つなげる」

互いの尊重を土台として、性質の異なるものをくっつけ、互いに協力し合うように働きかけます。2つのものが出合うことで、化学反応が起こり、新たな展開が巻き起こることもよくあります。

協力関係を築くことで、大きな広がりをもつことができるでしょう。大事なことは奉仕の心で行動することです。他者のために走り回ることで、強い信頼関係で結ばれた協力体制を構築できるでしょう。

行動的で奉仕の心をもち、人と人を結びつける場面で力を発揮するでしょう。

音4……「計測」「識別する」

内容をさらに掘り下げ、ビジョンを明確にすることが「音4」のステップです。「音3」の協力体制を土台に、フォーメーション、具体的組織化のエネルギーが働きます。その役割を果たすためには、識別力が必要になります。より精度の高い識別は、深い洞察力とバランス感覚があってこそ成り立つものです。

またクリエイティブなエネルギーをより前向き、建設的な方向に昇華させ、具体的ビジョンとして提示します。

さまざまな争い事を整理したり、識別や組織化するときに必要とされる人です。

音5……「倍音」「中心を定める」

点（・）からはじめて横棒（―）が登場します。この横棒は、各個人の中にある「人間性」の基盤を表しています。銀河の音1〜4までのプロセスを経て、1つの基盤が造成されたことを意味しています。

ここで次のステージに進むためには、まず自分の人間性を受け入れるという行為が必要です。そのためにも古い自己イメージを手放すことです。

そして核となる意図や目的を再度確認しましょう。自己責任で出発することです。この気概が大いなる輝きをもたらし、何倍もの力を発揮させるでしょう。

遠慮気味のスタンスを取るため、中心的立場に立ってこそ底力を発揮します。方向性が定まったときの一途さでどんな困難も超えて行くでしょう。

音6……「平等・対等」「生き生きとしたバランスをとる」

1つの点（・）と横棒（―）はグラウンディングした状態を表しています。地に足をつけて、しっかりと現実を生きることです。それは過去でも未来でもなく、「いま・ここ」を入念に刻むように生きること。思い描いたことを具現化することともいえるでしょう。

そこは誰もが平等であり、対等です。

また六芒星のエネルギーは共生を意味しています。柔軟な感覚で活発に動くことで、生き生きとしたバランスがとれ、共生社会という地球に天国がもたらされるのです。そのポイントとなる段階です。

物怖じせず、大胆に物事を断行するときに、大いに必要とされる人です。

音7……「神秘の力」「チューニング」

銀河の音1～13の真ん中に位置するのが「音7」です。音は足した総和が14となる音の組み合わせが補完の関係であり、反対の関係でもあります。「7」は補完、反対も同じ「7」となるため神秘そのものです。「神秘の力」で人は目覚め、覚醒《かくせい》され、気づきを得るのです。この神秘の力とは宇宙の本源と直接つながったエネルギーとも表現できるでしょう。

また天と地が発する情報に波長を合わせることに長けています。それゆえ、さまざまな情報が入ってくるでしょう。当然のことですが精査が必要となります。いかに精度の高いものとチューニングするかがテーマともいえるでしょう。

情報に関わること、神秘の領域で大きな成果を挙げる人です。

音8……「調和の共鳴」「シフト（移行）する」

「音7」で本源とつながり縦の軸が定まると、次は横軸への展開となります。そのためには調和と共鳴が必要不可欠になります。例えば、音叉は一方を打てば、もう一方に振動が伝わり響き合うという現象が起こります。これが共鳴です。共鳴を感じるほど、力強さが増し加わるでしょう。

調和とバランスは他の存在への思いやりがもたらすものです。

完全な調和が起こると、新しいオクターブへのシフトが起こります。活動のステージが次のステージへと移行するのです。そして無限の可能性の扉が開き始めるのです。

人をはじめ、生命ある有機的存在との関わりで輝きを放つでしょう。

音9……「意図の脈動」「拡大する」

「音8」は全方位を意味します。そのうえで「音9」は、さらにワクワクという躍動感を心の底から実感すると、強力な拡張のエネルギーをもちます。このエネルギーは人々を勇気づけ、元気を届けます。

いよいよ全体像である「グランドデザイン」が明らかになってくる段階です。完成を迎えようとしているのです。希望とともに喜びを実感することで、人々を照らす光のような存在となります。

人々に勇気と希望を届ける太陽のような役目を担った人です。幼子のような純粋さをもち続けることが大事です。

音10……「具現化」「プロデュース・生み出す」

「音9」のグランドデザインを具体的なかたちにする段階です。物事の具現化は根本的には、「意図・動機の純粋性」が重要なキーポイントを握っています。そこの純度を上げることが何より大事なことです。

また、具体的なかたちにするためには、イメージできることも大事な要因です。イメージが明確で鮮やかであるほど、実現性は高いでしょう。ある意味、「具現化」こそシンクロニシティであり、多次元の作用が関わっていることを意味しています。

横軸2本は2つの次元が向き合っていることを象徴しています。物事が現実化するためには、目に見えないビジョンと目に見えるかたちの一致、すなわち2つの次元の一致が必須です。

背後から地道に応援するような面もあり、教育分野などに必要とされる人です。

音11……「不協和音」「解き放つ」

「音10」で具現化したものを「音11」は「不協和音」のエネルギーで浄化し、磨きをかける段階です。不要なものを徹底して削ぎ落とし、本質に到達するには避けることのできないプロセスです。

「音11」のエネルギーは、古い習慣や枠組みを外すように誘導します。改革は手放すことから始まります。崩壊のプロセスを受け入れることで、より多くの叡知が入るスペースが確保できるのです。

変化と浄化が繰り返され、最終的には大事なものだけが残ります。そのときこそ「本当の自分」が姿を見せ始めるのです。

現状を打破したり、閉塞状態を突破するためには「音11」のパワーが必要です。新たな展開の口火を切る役割を果たしてくれます。

改革には是非とも立ち会ってほしい人材です。

音12……「複合的安定」「普遍化する」

「音11」がスクラップしたものを終結させ、後かたづけする役割が「音12」です。処理能力、解決能力が問われる段階でもあります。ここは1人で対応せず、チームをつくり、問題を共有し分かち合うことに尽きるでしょう。

1つのパターンをつくるためには、その目的のために人生を捧げるほどの覚悟が必要です。その延長線上に普遍化は可能となるでしょう。

「音12」をもつ人は、少々のことにはこだわらない度量の大きさをもっています。いわば清濁合わせ飲むといった印象です。

相談に乗り、問題を一緒になって分かち合ってくれるでしょう。相談に関わり、多くの人々から頼られる存在です。

音13……「超越する」「集大成の力・新しいサイクルを生み出す力」

見えない力、予期せぬ力が働き、根本的変化が引き起こされるでしょう。しかも人生を劇的に根本的に変える予期せぬ変化が迫っています。

オープンハートで柔軟性を維持することが大事です。いよいよ予期せぬプレゼントを受け取る時を迎えたのです。

「音13」は1つのサイクルの終わりでもあり、新たなサイクルの始まりでもあります。長期的な視野に立って物事を冷静に見ることができます。また忍耐力もあります。

1つのことに没頭することで、絶大な信頼を受ける人です。

すべてに「宇宙のメッセージ」と「天の配剤」がある

1つの出会いや出来事も、人生の意義をどう捉え、どう解釈するかで大きく意味合いが変わってきます。ツォルキンを学ぶほど、「人生は魂・覚醒の旅」という表現がしっくりきます。

その中で最も核心となるテーマは「本当の自分」への帰還です。それを実現するためには「気づき」が必要になってきます。

この視点に立つと、日々のツォルキンが示すエネルギー、また出会った相手のエネルギーなどに意識をもつことで、そこに宇宙のメッセージが秘められていることに数多く気づくでしょう。

「銀河の音」を知ることによって「波に乗るポイント」や「リズムと流れ」を知り、自分の立ち位置と波形を明確に知ることができます。

これらをある程度知り、日々を過ごすのと知らないで過ごすのは雲泥の差です。天気予報のない時代と、精度の高い天気予報を知る現代ほどの開きが生じるでしょう。ある程度の予測ができれば早めに備えができるでしょう。

ツォルキンを深く知ることで、すべてに「天の配剤」と「深遠なる創造主の意図」が関わっていることを実感します。

それらを心から感じることができると、どんなことも受けとめることができるようになります。そして何より、究極の安心感と深い安らぎを心の底から実感するでしょう。これを体感していただくことが、ツォルキンを多くの人々に伝えたい最も根幹にある理由の1つです。

「銀河の音」。それは、宇宙からあなた個人に向けて発せられたメッセージを解く極めて大事なカギとなるものなのです。

「銀河の音」の意味と現在の自分とのギャップ

「自分の『銀河の音』を知り、『本来の役割』の目安を理解したが、現在の自分とあまりにかけ離れている」という場合があるはずです。また「今、自分が携わっている仕事は『銀河の音』の意味からみると、全くちがうのではないか」と感じる人も少なくないかもしれません。

そのような場合、どのように考えればいいのでしょうか。

今まで通過してきた境遇やそこで染み込んできた価値観の影響も多分にあり、「銀河の音」の意味を実現すべく〝最短距離〟を進む人は滅多にいません。

たとえ今の時点で「銀河の音」の意味を実現できていないとしても、何ら焦る必要はないのです。

歴史上「偉人」と呼ばれる人物でさえ、最初から「銀河の音」の意味のごとく生きた人は稀《まれ》です。紆余曲折《うよきょくせつ》を経て、最後的に目的地に到達し、生きる意味を開花させれば、それで十分なのです。

とはいえ、「銀河の音」の内容と、現在の自分が大きくちがう理由は知っておいたほうがよいのではないでしょうか。簡単に説明してみましょう。

人は目的に向かいさまざまな選択をします。ある意味、人生は選択の連続であり、その選択の積み重ねが今現在の人生につながっています。

この選択は基本的には、ひとりひとりの自由意志にゆだねられています。

残念ながらこの世の習慣性で、損得や他人からの評価を気にして誤った選択をしてしまうことも起きてしまいます。

その結果は自らが引き受けなければなりません。しかしその過程を通じ、ひとりひとりの魂の学びとなり、意識の進化に結ばれるとすれば、意味のある必要な誤りだったということになります。

まさに、私たちの人生は〝修行の場〟であり〝修行の期間〟ともいえるでしょう。ただ自由意志の「誤用」により、意味が正反対になってしまうことは避けられないことです。

それによって回り道となることもありますが、結局のところ、気づきを得ることができれば、「すべてよかった」ということになり、過去を心から肯定できるようになります。したがって、たとえ「銀河の音」の本来の意味と現在の自分がかけ離れていたとしても、失望したり落胆する必要は全くありません。

そもそも宇宙は光と闇とで成り立っています。つまり、闇を経験して光を知るということが避けられない相対的世界なのです。

言い換えれば、無知を通過しながら知へと向かう過程が、私たちの生そのものといえるでしょう。

私たちは、魂・覚醒の旅を続けながら、あまりに膨大な「未知の領域」の扉を少しずつ開け、その度に深い感動と至福を味わうのではないでしょうか。

「銀河の音」を知ることから、本格的に魂・覚醒の旅は始まるのです。

「ミラクル・ダイアリー」をつければシンクロニシティがよくわかる

「銀河の音」の意味やリズム、そして流れは、日記をつけることによってとらえやすくなります。

その日、どんな出来事があったか、心の動きはどうだったたか、誰と会ったかなど。それらを日記につけ、自分の「銀河の音」の意味と照らし合せてみるのです。

1日1日を意味あるものと捉え、宇宙から限りなく降り注がれているであろう叡知にチャンネルを合わせやすくなります。チューニングが上手になればなるほど、多くの気づきを得て、驚くほどのシンクロニシティに人生が誘導されていることを実感するでしょう。

「ツォルキン」の260日の流れを強く意識し、つくられたのが「ミラクル・ダイアリー」です。「13」×「20」＝260のサイクルを1冊にまとめたものです。「銀河の音」と連動し、13日を1つのサイクルとした日記帳です。

「銀河の音」の意味をイメージしながら、1日1日記すのです。1日を終えた就寝前、あるいは翌朝に記すのがよいでしょう。

瞑想や日記を記すことは「自分と向き合う」行為そのものともいえるでしょう。「自分と向き合う」とは「自分に問いかけてみる」ということです。

この機会をしっかりつくり、自分のインナーチャイルド（潜在意識）に働きかけることで、メンテナンスされたことになり、否定的な衝動が極端に少なくなるでしょう。「ミラクル・ダイアリー」を記すことで、その日のエネルギーと13日の流れを自然に意識できるようになります。

この習慣性こそが、「本当の自分」への帰還を強くサポートすることになります。

2

「銀河の音」が秘めている能力と役割
シンクロを引き寄せるキーワード

音1 「秘められた能力・役割」 公平　決断力　責任感・1つにする

「1」という数がもつ他の数との最大のちがいは、「分けることができない」という点です。分けようがありません。その特質を考えれば、「音1」をもつ人は、分け隔てせず、誰に対しても公平な心で接することが大事です。私情をはさまないことです。

「音1」のマザー・テレサは、「死を待つ人々の家」というホスピスを開設しました。ケアする相手の状況や宗派を問わない姿勢を生涯貫きました。人種はもちろん、宗教者が陥りやすい自らの宗派に拘泥《こうでい》することも一切ありませんでした。

これを実践するために、個人的感情（好き嫌い）は完全に超越しています。ある意味、目的に徹しています。救い（助けること）にすべての意識を集中しているのです。

またマザー・テレサの場合、対する相手ひとりひとりを「イエス・キリスト」と思い接していたのです。この姿勢こそ、天に仕える実践そのものです。個人的な感情を一遍に超越してしまいます。

また「1」はトップ、先頭を表す数でもあります。トップに立つ者は、周辺に起こることすべては自らの責任であるという姿勢が信頼を生みます。「1」は分けることができないのですから……。

本来の「音1」を生きている場合、責任感の強さが至るところに顔を出します。それに付随し、決断力ももちあわせています。迷いが少なく、即断即決型です。そこに頼もしさを感じ、多くの人々が惹《ひ》き寄せられるのです。

この世に「一親等」といえば「親子」しかありません。いわば切っても切れず、分けることのできない結びつきをもったものです。これを悪用したのが「振り込め詐欺」の類《たぐい》です。「一親等」は自分そのもの、あるいは分身くらいの感覚なのです。その感情につけ込み、悪用しています。

また「音1」は孤独を味わうことも多々あります。決断は、最終的に一人孤高の中でするものです。これを成長の糧とするためには、宇宙とのつながりを実感することです。

「人工時間域」から「自然時間域」へ少しでも移行すれば、無理なく「つながり」を感じることができます。まずは「ツォルキン」のリズムを強く意識することです。「音1」は具体的に、1つにする力をもっています。幸せとは「1つになること」でもあります。親子、夫婦から国家、世界に至るまで。これを実現する場合、まずは相手を「認める」ことから始まります。すべての存在には、今に至るまでの流れがあります。その流れを尊重することです。

ここで気をつけたいのは、「認める」「尊重する」と「同意する」「受け入れる」はちがうということです。逆の言い方をすると、「認める」「尊重する」ことは必要ですが、「同意する」「受け入れる」は敢えてしなくてもかまわないということです。

1つになることは、「シンクロニシティ」や「ミラクル」を呼び寄せる秘訣です。どこまでも1つになることに意識を向けたいところです。

注意したい点

「音1」は「類は友を呼ぶ」という「引き寄せ」という現象が短期間で起きやすいのです。引き寄せられるものは、自分のレベルと同じものです。これを有効なものにするためには、他者に目を向ける以上に、自分自身を高めることです。それゆえ困難なときほど、外に目を向けるのではなく、自分の内面を見つめる習慣を身につけましょう。

また、さまざまなことを同時にこなす器用さはありません。ひとつひとつ順番に取り組み、処理することが賢明でしょう。

キーワードは「受容」

すべての出発は「立つ」ことから始まります。選挙などでは「立候補」、相手からの挑戦を「受けて立つ」などと表現します。この「立つ」を具体化するためのポイントは何でしょうか。まず置かれた環境を受け入れることです。要するに「受容」から始まります。

人生には宿命と運命があるといわれています。運命は自由意志の範ちゅうで変えることも可能とされています。ただし、宿命は変えることはできません。生まれた場所、両親、身体的特徴など。その環境や境遇の中で、地上生活の幕が開くのです。

いつも置かれた環境や状況を肯定し「受容」しましょう。決して自分勝手な判断で決めつけたりせず、広く寛容な心をもつことです。これに尽きるでしょう。

「13の物語」① JAL(日本航空)を立て直した稲盛和夫氏は「音1」

京セラの創業者であり、近年、一時倒産した日本航空の再建を見事に果たしたのは稲盛和夫氏です。財界という最も「富」と「名声」を当たり前のように求める環境の中で稀《まれ》な思考をもった人物です。

何より印象に残るのは、常に「動機善なりや、私心なかりしか」との自問を続けながら経営に携わってきたことです。

稲盛氏は次のように語っています。

「善とは、普遍的に良きことであり、普遍的とは、誰から見てもそうだということです。自分の利益、都合、格好などだけでものごとは全うできるものではありません。その動機が自他ともに受け入れられるものでなければならないのです。

また、仕事を進めていくにあたって、『プロセス善なりや』ということを問うています。結果を出すために不正な行為もいとわないということでは、いつかしっぺがえしを食らうでしょう。実行していく過程も、人の道を外れるものであってはならないはずです」

「1」は、すべての始まりであり、創造の起点となるものです。それゆえ出発の「意図」や「動機」が問われます。目に見えないこの領域は、人間の最も本質でもあります。ここに焦点を合わせ続けた稲盛会長に、宇宙はエールを送ったにちがいありません。

「場に対する責任を負い、公義に殉じる姿勢を貫く」

この姿勢を貫いた人生を歩んでいます。

音2 「秘められた能力・役割」 選択能力 直感力 突破力・関係を築く

「2」は「二極性」を意味しています。身近でわかりやすい典型は、男性、女性です。「二者択一」という言葉が示すように「2」は選択を表す数でもあります。

実はこの選択と密接な関係にあるのが直感です。なぜなら、私たちが何かを選択する場合、まず瞬間的に直感が働きます。それからさまざまな事情や要因を鑑みて判断するようになっています。何といってもこの「直感」の精度は抜群です。

直感は「魂の声」ともいえるものです。そこには自分の考えが入り込む余地がありません。

かつてあるテレビ番組で「ファイナルアンサー」という言葉がもてはやされました。しかし、最も肝心なのは「ファーストアンサー」なのです。

文字のごとく、最初の答え（ひらめき）です。時間が経つにつれ、さまざまな考えが浮かんできます。そこには、エゴの象徴である「打算」が入り込んできます。直感の示す「ファーストアンサー」はそれが入り込む余地がありません。そこが重要です。また、停滞している場合や、現状突破を必要とするときなど大いに力を発揮します。そのためには明確な目標が必要です。思い入れの強いものほどモチベーションが上がり、具体的な成果も期待できるでしょう。

「音2」は、1つ越えれば、また1つと次々に坂道を乗り越えていくイメージです。そんなこともあり、常に緊張感をもち続け、なかなか神経を休めることができません。

なかには、どちらかハッキリしなければならないという呪縛の中にいる人もいます。あまりにこの思いが強いと「迷い」と「葛藤《かっとう》」が増長するばかりです。ときには保留でもよいのではないでしょうか。どうぞ、焦らず、慌てず、ときにはゆっくりと……。

「1」はまだ「関係」が生じませんが「2」からは、関係が生じます。すべての関係は、尊重で成り立っています。古くからの日本のことわざに「親しき仲にも礼儀あり」があります。

失礼なことは極力しないこと。「礼」を尽くすことができれば、どんな関係も崩れることはないでしょう。親しき仲こそ尊重することで、すべてがスムーズに運ばれるでしょう。

こんな耳が痛い名言があります。

「あなたの人間性にたいする最も高い評価は、あなたのそばにいる人々からくる」

背筋を伸ばしてくれるような言葉です。

注意したい点

「2」はややもすると「比較」の概念が強く出てきます。これは避けなければなりません。分離意識を増長するものだからです。また「比較」は「批判」の温床ともなりかねません。

「批判」はほとんどの場合、相手がまちがっていて、自分が正しいという思考からくるものです。この思考は自らの視野をせまくし、インナーチャイルド（無意識レベル）を粗くし傷つけることになります。

花は、それぞれに咲く時期がちがいます。一概に比べることなどできるはずもありません。

また、○×ですべてを決めつけないことです。△もありです。

結論を急ぎやすいので、あわてずに自分自身の「内なる声」に耳を傾けることを心がけましょう。

極端な発想も得意技です。そのため失望もしやすいのです。

「どんな事態にも、第三の道がある。そう思えば、人生にも新しい風が吹いてくるのではないか」。この言葉を心の片隅にでも記憶しておきましょう。

キーワードは「挑戦」

「挑戦」することで、自らに磨きがかかり、輝き始めます。チャレンジ精神は、私たちに「意欲」と「前向きな気持ち」をもたらしてくれます。大事なことは「挑戦」と「希望」はセットのようなものです。聖書の中でもイエス・キリストは、人生の中で最も大切なものとして「愛」「信仰」「希望」を挙げています。人は「希望」を感じるからこそ奮闘し、すべてを投入できるのです。

人は「挑戦」を続けるかぎり、人工時間域を超え、青春を生き続けるのです。

「13の物語」② 将棋界七冠のうち六冠が「音2」

現在、将棋界のタイトルは7冠です。2015年8月現在、羽生善治さんが4冠（名人・王位・王座・棋聖）、糸谷哲郎さんが竜王、渡辺明さんが棋王。3人で6タイトルを獲得していますが、3人の共通点は「音2」。ちなみに棋士としても輝かしい戦歴をもつ谷川浩司・日本将棋連盟会長まで「音2」です。

ここまで「音2」が、抜群の結果を出すには理由があります。あくまでも個人差はありますが、究極の選択力（取捨択一）が際立っているのです。

取り分け「無我の境地」に近づけば近づくほど、精度の高い選択が可能となります。おそらく長考といっても、最初のインスピレーションやひらめきを大事にしているはずです。あとはその手をさまざまな角度から確認しているのではないでしょうか。それにしても「2」の選択力や直感力には驚きます。

竜王、王将のタイトルは失いましたが、渡辺明棋王の礼を貫く姿勢には定評があります。自らの戦略以上に礼を重んじると……。どんな分野でもこのような姿勢をもった方々は、多くの人々から応援されるにちがいありません。次々に登場してほしいものです。

「何を切り捨てるべきかを知ること。それを知恵という。何かを手放す必要がある時に、それを手放せるだけの明晰さと強さを持つこと。それを勇気という」

著名なドイツの詩人の言葉です。先の言葉にあるような人生、真の知恵と勇気が大切です。どちらにしても「捨てること」「手放す」ことが物事の本質に出合う秘訣です。躊躇《ちゅうちょ》なくそれらを粛々《しゅくしゅく》と実践する知恵と勇気をもつ者。ここが「音2」の特徴でもあります。

音3 「秘められた能力・役割」
つなぐ力　奉仕　異なった視点・チームづくり（協力体制）

この世界の空間の次元数は「3」であると信じられています。縦、横、高さの3方向に広がりをもつ空間を3次元空間と表現しています。また「第3者」とは、当事者とは異なる別の視点に立つ人を表す言葉です。

物事はさまざまに「つなげる」や「結ぶ」という行為で新たな展開や変化が生じたり、活発な動きが本格化します。これらの行為は、信頼を土台としたものです。つなげ、化学反応を起こさせる役目をもつ「音3」は信頼されやすい傾向にあります。

突飛で理解に苦しむような言動や行動が少なく、良識派ともいえるでしょう。ときには、波紋を投じ、別の側面があることを印象づけてくれます。シドニー五輪女子金メダリストの高橋尚子さん。彼女の小出監督の元から離れての独立など、わかりやすい例かもしれません。もちろん高橋さんは「音3」です。

1つのプロジェクトは、万全な協力体制を組むことが目的成就の最大のポイントになるでしょう。それを実現するためには「音3」の力が必要です。

生まれながら、奉仕の心を根強くもっています。そして自分自身をより大きな目的のために捧げます。その姿勢を貫くと、周囲の人々は協力を惜しまないでしょう。

大事なことは、打算を超えることです。またエゴとプライドは、協力を阻害し、チームの結束の妨げとなります。

宇宙飛行士・若田光一さんは「音3」です。国際宇宙ステーション船長に、日本人、そしてアジア人としてははじめて就任し、話題を集めました。宇宙滞在当時、一緒に搭乗していたのが、ロシアやアメリカのメンバーでした。地球上では、ウクライナをめぐる問題で両国関係に溝ができつつある状況。そんな中でも若田さんは、自らの役目を見事に果たします。屈託のない奉仕の精神は、人々の心を明るくし、1つにするのです。

そんな若田さんは、老子の言葉を大切にしているといいます。

「有能なリーダーが仕事を終えたとき、人々にはその事柄が自然に起きたように見える」

自然体は打算を超え、思いやりを出発点としたときに周囲が感じるものです。また老子には「上善は水の若（ごと）し」との言葉もあります。全メンバーを活かしつつ、自らは低く身を置く。そんな貴重な水のごとき船長だったにちがいありません。

注意したい点

つなげたり、結ぶという行為は、何より信頼と信用あってのものです。最終的に「何のために？」が問われます。そこに打算やエゴ、プライドが多く含まれているとやがてトラブルとなるでしょう。

とくにプライドが高い場合、正直さを失うことになりかねません。周囲との関係のなかで輝き、能力を発揮する「音3」だけに、このあたりは生命線です。

キーワードは「未知体験」

「音3」は、決めたことに対しては真摯《しんし》に取り組む誠実さがあります。さらに見識を広げ、大きな器を準備するためには、今まで体験したことのない未知体験をしてみることです。この体験を経て別の視点から物事をみることを覚えるのです。

今や世界的なエースになった大リーグ・ヤンキースの田中将大投手は「音3」です。彼が楽天イーグルスでバッテリーを組んだ嶋基宏捕手は、日本球界で24連勝を記録した直後に次のように振り返っています。

「入団時と変わらないのは、満足しない気持ち。もっとうまくなりたい、もっとバッターを抑えたい、毎試合完封したい、誰にも負けたくない。1年目からずっと持っている向上心が、今季の素晴らしい記録を作ったのかな、と。ぶれない彼のすごさだと思います」

どこまでも未知体験に挑む姿勢です。

「13の物語」③　「音3」暴走族総長から人気絵本作家へ

160人を率いる〝暴走族総長〟から〝売れっ子絵本作家〟へ転身した男性がいます。

『のぶみさん』という絵本作家です。なぜ暴走族リーダーから絵本作家へ……。興味は尽きません。

調べてみると絵本作家へたどり着くまでの経緯《いきさつ》が実にユニークです。

専門学校（保育士養成）在学時のこと。好きだった『ようちゃん』があるとき、「わたし、絵本が好きなの」と。それを聞いた『のぶみさん』は、「絵本、オレ、描いているよ」。反射的にウソをつきました。その夜はじめて絵本を書き、翌日『ようちゃん』にみせると「面白い！　面白い！」とほめられたとのこと。

それが余程嬉《うれ》しかったのでしょう。毎日絵本を書いて『ようちゃん』にみせるようになりました。

その『ようちゃん』がつきあう条件として提示したのが、「絵本で賞をとること」でした。これをクリアするため、大奮闘の日々が始まります。1カ月で6000冊の絵本を読み、300冊描いて、自分でそれを1000回読んで、自身の傑作ベスト50を出版社に持ち込む。そこから絵本作家への道が開かれていきます。

すぐに開花したわけではなく、紆余曲折《うよきょくせつ》を経て売れっ子絵本作家となりました。今では120冊以上もの絵本を出版。NHKの子ども向け番組にも「のぶみ作品」がひんぱんに登場しています。

絵本作家のキッカケとなった『ようちゃん』は現在の奥さんです。そんな『のぶみさん』の実家はキリスト教の教会。名前も本名です。

『のぶみさん』は「音3」。実は「音3」は一途なため、好きになった人や物事には徹底してはまる傾向にあります。『のぶみさん』も大好きな人に喜びを届ける延長で、いつしか誘導され、人気絵本作家となったのです。厳密には「なった」というより「なっていた」という感覚ではないでしょうか。

『のぶみさん』は、自分の彼女のため（当時の『ようちゃん』）や自分の子どものために描いた本が売れて大きく飛躍したようです。

「人は誰かのために」。この純粋な想いが人々の心に一番響くのでしょう。

『のぶみさん』は絵本と出合い大きく人生が変わりました。それは絵本を読んで、毎日、何度も何度も泣いたからです。絵本により、魂の浄化が見事になされたように思えてなりません。

涙という字は、さんずいに「戻る」と書きます。「本当の自分」へは「涙」とともに帰る（戻る）ことを意味しているようです。また「泣く」は、さんずいに「立つ」。再び「立つ」ために泣くのです。

人知れず、「泣き」そして立ち上がり「涙」を流しながら「本当の自分」への帰還を果たす。そのプロセスを誠意とともに歩みたいものです。

160名の暴走族総長から全く未知の絵本を体験し、劇的に人生が変わった『のぶみ』さんです。

音4 「秘められた能力・役割」 計測力 掘り下げる力 識別力・解消する

「4」は東西南北をはじめ、「安心」「安定」を表しています。よりよい配置（フォーメーション）を実現することで、堅固なものとなります。

また「4」は四方八方という表現があるように、あらゆる方向に関心が向きやすい傾向にあります。これを絞りに絞り、集中し、そして深く、深く、より深く掘り下げるのです。これが「音4」のイメージです。このプロセスを大事にすることで、自分自身の専門分野に対する深い理解と応用力がさらに高められるでしょう。

何事においても、どのくらい理解しているかの目安は、小学生にでもわかりやすく説明できるかどうかだといわれています。そのレベルを意識しながら、相手に合わせてより具体的に話すよう心がけましょう。わかりやすく話すのも「音4」の得意とするところです。これを実践すると、大きく広がるようになるでしょう。

また「音4」は、紛争解決能力をもちあわせています。その典型的な存在が、ノーベル平和賞を受賞したパキスタン出身のマララ・ユスフザイさんです。女子教育の必要性を訴え、イスラム過激派に銃撃されましたが、ひるむことなく、堂々と公の場で演説を繰り返しています。驚くことに彼女はまだ18歳（2015年現在）です。

「1人の子ども、1人の先生、1冊の本、そして1本のペンで、世界を変えることができるのです」。当時16歳（2013年）の少女が、世界に向けて国連で語った言葉です。

「私は過激派を憎んではいない。過激派の子どもたちを含むすべての子どもに教育の機会を与えてほしいと伝えるためにやって来た」とも。
16歳（当時）にして、怨讐《おんしゅう》をも愛し許す姿勢を表明しています。生きている次元（ステージ）のちがいを感じます。1つのミッションに生命をかけると「人工時間域」を超越してしまいます。いわゆる「没我」「忘我」「無我」の境地に至ることが「時間域」を変える秘訣でもあるのです。

注意したい点

現状に甘んじてはいけません。小成で満足せず、人間の本来もっている無限の可能性へ向かうことが望ましいでしょう。左脳を中心とした思考になると、必要以上に現実的になり、否定的な思いに支配され始めます。するとオープンハートなスタイルとは全く逆になります。かえって、子どものような純粋さを大事にすることです。

この状態は、気づきのアンテナを張っているのと同じです。気づきと感動を意識し、大事にすることで、現状に甘んじるという感覚は吹き飛んでしまうでしょう。

キーワードは「探求」

「音4」が共鳴すると、自身が関心をもつ分野に滅法強く、驚くほどの情報量の持ち主となります。専門の領域はピカイチです。いわばスペシャリストと呼ばれるほどです。

ハイパーレスキュー隊はスペシャリストの集団です。ある隊員は次のように述べています。

「どうして毎日、苦しい体力錬成ばかりするのか、やはり救助に必要だからです。身体を鍛えておけば極端に言うと、酸素の消費量も少なくて済みますし、過酷な火災現場でも活動を続けられる。鍛えていなければ、あとほんの1メートル先で救助を待っている方に手が届かないかもしれない。だからこそ、とことん鍛えるんです」

レスキュー隊員のように、「少しでも人さまのお役に立つために、自分は日々何を鍛練しているだろうか？」と掘り下げ、探求を繰り返す。これこそ「音4」です。

こんな隊員のようなモチベーションを携えて日々を刻むように生きることです。

「13の物語」④　子どもたちのスーパーヒーロー、ドラえもん、アンパンマンともに「音4」

ドラえもんを世に送り出した藤子・F・不二雄さん、アンパンマンの産みの親・やなせたかしさんはともに「音4」です。「音4」は紛争を解決する能力に長けています。そんな観点からこのヒーローたちを見れば、まさにその役目を常に果たしている感じがします。

最終的解決は、敵対関係の解消です。そもそもアンパンマンにとってバイキンマンは敵ではありません。「どうしようもない仲間」なのです。

ドラえもんと一緒に暮らすのび太からすれば、ジャイアンやスネ夫も決して敵ではなく、安心できない仲間なのです。

バイキンマンがいなければ、アンパンマンが、ジャイアンやスネ夫がいなければ、ドラえもんが、存在価値を発揮する場面が皆無に等しくなるでしょう。

私たちを取り巻く人々も同じ地球上に同じタイミングで暮らす仲間なのです。

その観点で周囲の人々を見回してみれば、慕わしい人はさらに慕わしく、怒りの対象にしか思えなかった人も、仕方なく思えてくるものです。

また2人の作者は、「音4」の特徴である「わかりやすさ」をいかんなく表していきます。

どのみち、それぞれの「音」の長所にフォーカスしながら進めていくことで、想像を絶するシンクロニシティを体験するのです。

取り分け「音4」は得意なところから始めて、波に乗ってしまうことが大事です。できること、得意なことから始めると、すべてが楽しくなり、喜びが広がります。喜びを感じながら物事に取り組むと、好循環が起こり、すべてがスムーズに進みます。

「得意なことから」始めてみましょう。

そして、どんなときも「幸せの種」を見つけるスペシャリストを目指すのです。

音5 「秘められた能力・役割」 底力 加速する シンプルさ・柱を立てる(中心)

「音5」は方向性や到達点などが定まったとき、スイッチが入ります。スイッチが入ったときは、持ち前の底力をいかんなく発揮し、すべてが加速し、驚くほどの成果を目にするでしょう。

逆にそこが不明瞭だと、逡巡を繰り返すことになり、モタつきます。

マヤの表す「5」は直線の横棒が1つです。これは個人としての基盤を表しています。この基盤を整えるためには、余分な記憶や雑念を捨て、心を十分に開くことです。すると宇宙につながり、静寂と安らぎの領域へ案内され始めるでしょう。

オープンハートで生きるということは、意図や動機までいつでも公開できるような高いレベルのものなのです。少しずつでもこの境地へ近づくことを心がけたいものです。

シンプルを意識することで、すべてが整理されるでしょう。いつもできるだけシンプルに……。そのためにも自分自身の核となり、目安また羅針盤となるような「叡知《えいち》（教え）」をもつことです。

基盤がしっかりした度合いに応じて、ブレや迷いは皆無になってくるでしょう。

また、「音5」は命じられることでスイッチが入ることも多々あります。愛をもった指令には従順な姿勢で応えるでしょう。ある意味「偉大なイエスマン」になることも可能です。

掃いたり拭いたりの掃除は流れがつかめれば、ある程度「身体」でこなせますが、片付けはモノの要・不要を判断する「思考」がメインの家事。片付け術「断捨離」を提唱してきた、やましたひでこさんも「音5」です。

断捨離の考え方による片付けは、第一にモノを絞り込み、量を減らすことから。絞り込みの物差しは、「今」「自分にとって」必要かどうか。「いつか必要になる」の「いつか」は来ない。最初の突破口は捨てることだといいます。よりシンプルに「断捨離」の目安を定め、確かな柱を立ててくれました。

不思議なもので、物事は絞り込むことで「本質」が見えてきます。また、やましたさんの話にあるように「いつか」は来ないのです。実に面白い話です。

やましたさんは大学時代にヨガ道場へ通い、そこで学んだ「断行、捨行、離行」が「断捨離」の元になっているとのこと。

来ないであろう「いつか」のために取って置くことはやめ、必要なものだけに絞り込みましょう。捨てることは「0」に近づく第一歩です。

注意したい点

自らのスタンスが確立されている場合、逆に変に保守的にならず、柔軟な姿勢で対応できるか。このあたりがテーマでしょう。

世界のトヨタは、かんばん方式など生産管理のあり方として世界的に有名となった「トヨタ生産方式」を守り抜いています。近年の社長をみても「音5」がひしめいています。豊田章一郎、奥田碩、張富士夫（敬称略）と。「音5」の特徴である中心となるものは絶対的に守ろうとする社風の現れでもあるでしょう。今はスピーディな対応が必要とされるときを迎えています。そして柔軟さが問われるときでもあります。伝統と格式のある存在ほど気をつけたいところです。

キーワードは「目標設定」

直木賞作家の出久根達郎《でくねたつろう》さんは、中学卒業とともに集団就職で上京し、古書店にて勤務。やがて独立し、自ら古書店を開業。時の流れとともに作家となった異例の人物です。その出久根達郎さんは「音5」です。

「音5」は、方向性や目的が定まると、がぜん強い力が湧き出てきます。古書店勤務から独立経営、そして作家へと上昇気流に見事に乗った人生といえるでしょう。

「本を読んだ時、自分が感動した言葉を書き写すことを勧めている。自分で書いたものは後々必ず読み直すもの。本を読んで楽しみ、書き写して2度楽しみ、後で読み返すと3度楽しめる。自分の精神を培った過程を見ることができ、貴重な財産となる」

出久根達郎さんの講演から抜粋したものです。この手法は、私たちの感性や表現力に磨きをかけてくれるものです。「私は、うなるほど感心した」を日に何度も味わう「感性」が身についたら感動ものです。「音5」は大きな夢と希望に育まれる人生といえそうです。

「13の物語」⑤　米国ジャーナリズム史上最も有名な社説を書いた人物は「音5」

「私は8歳の女の子です。友達はサンタクロースはいないと言うのです。本当のことを教えてください。サンタクロースはいるのですか──」

1897年、米国の少女ヴァージニア・オハンロンは純真さ故に抱いた疑問を地元の新聞社ニューヨーク・サン紙に手紙で質問。そしてサン紙は、その年の9月21日付けの社説で答えています。

「ヴァージニア、サンタクロースはいるんだ。愛とか思いやりとか、いたわりとかがあるように、サンタクロースもちゃんといる」

やがて教師となったヴァージニアは、生涯を子どもたちの教育にささげ、1971

年5月13日、81年間の人生を閉じました。ニューヨーク・タイムズ紙は「米国のジャーナリズムにおいて最も有名な社説が書かれるきっかけとなった、かつての少女」と訃報を掲載、その死を悼みました。

サン紙の社説は、子どもの疑問にも真摯に答え、目に見えないもの、心の大切さを語り掛ける。あらためて新聞のあるべき姿を考えさせられます。子どもの質問に対して、優しい眼差しで諭すように語りかける印象の社説。こんな社説を読んだら、一遍にその新聞のファンになってしまいます。当時社説を担当したフランシス・チャーチ記者は、「音5」です。

こんな風に応える大人が増えたら、子どもたちも健やかに育つにちがいありません。名文は心を温かく包んでくれるものです。

「音5」が定まったときには、そこに全身全霊を注ぎ込みます。それゆえ、今でも語り継がれる感動の社説が誕生したのでしょう。心が決まると気持ちや魂に誘導される感動的な現象まで起こるのです。

音6 「秘められた能力・役割」
地に足をつける（グランディング） 平等 活発な力・ダイナミックな展開

「音6」は周囲の影響を受けずに、自分のペースで物事を進めるマイペースな要素を多分にもっています。それゆえ頼もしい存在に映るでしょう。「6」は突然の出来事に対しても動じることをよしとしない傾向があります。どこまでも冷静を貫こうとするのです。そういったところから存在感があります。

また「音6」は平等意識が強く、「左脳支配社会」の典型である「かたち中毒」ではない面も垣間見えます。社会的立場や学歴、職歴など、あまり関心を示しません。自らのペースで好むものに意識や力を傾けたいのでしょう。これは、たゆみなく自らと向き合うことをしてきたからこそできる生き方です。自分の人生の主役はあくまでも自分なのですから。

「はげ山に、一本、一本、樹を植えて行く植林作業のような小説を書きたい」

小説家・山崎豊子さん「音6」の言葉です。膨大な資料を読み込み、数多くの取材をこなし、幾編もの大作を手掛けただけに、説得力のある言葉です。未来に植林する精神でダイナミックに動き、執筆してきたのでしょう。

大胆細心《だいたんさいしん》という言葉があります。ダイナミックで活発であればあるほど、ときには細やかな心を大事にすることです。ちょっとした喜びを発見したり、味わいを見いだす洒落《しゃれ》た生き方を模索してみましょう。「音6」の片岡鶴太郎さんも次のようにコメントしています。

「隣の家の玄関先に赤い花が咲いているのが目に止まりました。誰が見ているわけでも、誰に見せようとしているわけでもないだろうに、花は凛と咲いて、自分の生を全うしている。すごい、すごい、すごい。花って、なんてすごいんだ！　このときぼくは、生まれて初めて『花の存在の素晴らしさ』に気付かされました。もう身動きが取れなくなるほどに。こういう生き方じゃないのか。生きるとは、こういうことじゃないのか。胸がグーッと熱くなりましたね」

感じ味わう生き方は、感激や感動へと誘導されます。自然へ目を向け、歩き、感じ、味わいましょう。

注意したい点

大胆な実行力があり、スケールの大きいものを求める傾向があります。急ぎ過ぎて、決めつけてしまったり、優柔不断な姿をみて侮ったりしないことです。これをした瞬間から、すべては止まってしまいます。どこまでも面白さを発見するような気持ちを維持することを心がけましょう。パワフルなだけに、負のイメージがつくと払拭することにかなり手間取るでしょう。

「音6」に諏訪中央病院名誉院長・鎌田實ドクターがいます。『○に近い△を生きる』（ポプラ新書）というおもしろいタイトルの本があります。

だいたいすべてを○×で決めつけたり、判断する人はトラブルメーカーと称されます。○に近い△の生き方は、柔らかい生き方だとドクターは語ります。融合をも意味する△を認めることは、互いを尊重することでもあります。柔らかい生き方を身につけてこそ「生き方上手」ともいえるでしょう。

キーワードは「尊重」

「まず、『よろこばせ上手』は、自らをよろこばせることから始めたほうがよさそうです」

「音6」の五木寛之さんの言葉です。五木さんは「よろこび上手」こそ苦しい世に生きていく知恵なのだ、と自分自身の体験から語っています。

また、よろこびたい心の触手を大きくひろげて待ちかまえていることが大事だと。すると、いつの間にか手帖に書ききれないほど、いいことがドンドン見つかるようになるといいます。

「よろこび上手」は「しあわせ上手」であり、いつまでも若々しく生きる秘訣でもあるのです。

これこそが、自らを尊重し、人々も尊重する生き方ではないでしょうか。

「13の物語」⑥　「音6」のハワイ知事が忘れられない少年

アメリカ合衆国ハワイ州元州知事、ジョージ・アリヨシさん「音6」の貴重な体験談です。初の日系人知事です。

「私が最初に日本の地を踏んだのは1945年、第二次世界大戦が終わって間もなくのことでした。アメリカ陸軍に入隊したばかりの頃で、焼け残った東京丸の内の旧郵船ビルを兵舎にしてGHQの通訳としての活動を行ったのです。

私は日系アメリカ人です。両親はともに九州の人です。私は高校を出て陸軍情報部日本語学校に学んでいたことが縁で、通訳として日本に派遣されることになりました。

東京で最初に出会った日本人は、靴を磨いてくれた7歳の少年でした。

私は思わず『君は子供なのに、どうしてそういうことをやっているの』と質問しました。少し言葉を交わすうちに、彼が戦争で両親を亡くし、僅かな生活の糧を得るためにこの仕事をしていることを知りました。その頃の日本は厳しい食糧難に喘《あえ》いでいました。それに大凶作が重なり1000万人の日本人が餓死すると見られていました。

少年はピンと姿勢を伸ばし、はきはきした口調で質問に答えてくれましたが、空腹であるとすぐに分かりました。

兵舎に戻った私は昼食のパンにジャムとバターを塗ってナプキンで包み、他の隊員に分からないようポケットに入れて少年のもとに走り、そっと手渡しました。少年は『ありがとうございます。ありがとうございます』と何度も頭を下げた後、それを手元にあった箱に入れました。口に入れようとしないことを不思議に思って『おなかが空いていないのか』と尋ねると、彼はこう答えたのです。

『僕もおなかが空いています。だけど家にいる3歳のマリコもおなかを空かせているんです。だから持って帰って一緒に食べるんです』

私は一片のパンをきょうだいで仲良く分かち合おうとする、この少年を通して『国のために』という日本精神の原点を教えられる思いがしたのです。

通訳として日本に滞在したのは僅か二ヶ月です。しかし、私は今日に至るまでこの少年のことを忘れたことがありません。日本に来るたびにメディアを通して消息を捜したものの、ついに見つけることはできませんでしたが、もし会えることがあったら、心からの労いと感謝の言葉を伝えるつもりでいます」

「思いやり」を極限状態の中で示したあまりに「アッパレ」な行動ではないでしょうか。

当時7歳の少年の精神と姿勢が、ジョージ・アリヨシさんの脳裏から片時も離れることがなかったといいます。まさに魂に刻まれた心から尊重したい衝撃的な出来事だったのでしょう。

本物の「思いやり」は関わった方々の人生まで変えてしまうものです。そんな「思いやり」のエネルギーを体感したのです。

「音6」は、心から尊敬し尊重できる人に出会うと、人生が変容を遂げるのです。自らの魂にまで届く強烈な衝撃を受けた体験談でした。

音7 「秘められた能力・役割」 無我夢中になる力　情報力　真理探究・基準を示す

「7」は「1」から「13」までのちょうど真ん中になります。「ツォルキン（神聖暦）」においても「第7列」は「神秘の柱」と呼ばれ、背骨に当たります。「7」は自分の存在概念を超えることで、宇宙につながります。わかりやすいのは、無我夢中になることです。これは、人工時間域から自然時間域に移動する典型的な手法です。

「音7」には数多くの情報が目まぐるしく入ってきます。そのためにもよりよい感度を保つことが肝要です。これは自らの純度に応じて自然に備えられるでしょう。

「未知の領域」は神秘的でこれほど魅力的なものはありません。喜びが無限に広がり、ワクワクしてきます。神秘のベールに包まれた物事に強い関心と意識をもっているのが「音7」なのです。

「本当の自分」は探すものではなく、思い出すもの。魂に刻まれている刻印記憶を思い出すことです。

「音7」は真ん中ゆえ、ニュートラルな姿勢を保つことが大事です。出版不況といわれる中、「聞く力」が優に100万部を超えた阿川佐和子さん。「音7」の阿川さんが次のように語っています。

「一番やってはいけないことは、この人はこんな感じだろうと侮ることです。それでは発見がなくなってしまう。例えば、官僚や政治家を批判するのは簡単です。でも、いざ会ってみるとみんなすごい。世論にコテンパンにされているあの人やあの人にも、人を惚れさせるオーラがある」

勝手な思い込みは、ときとして判断をあやまる原因になりかねません。くれぐれも心しておきたいところです。意識はいつも「ニュートラル」。

経営学の第一人者として世界的に支持されているドラッカー思想。生みの親であるピーター・ドラッカーも「音7」です。ドラッカーの思想は、組織や企業経営の分野にとどまらず、個人のプロフェッショナルな成長の分野にも及んでいます。21世紀のビジネス環境で生き残り、成功するためには、「自己の長所（強み）」や「自分がいつ変化すべきか」を知ること、そして、「自分が成長できない環境から迅速に抜け出すこと」を勧め、さまざまなケースの基準を示してくれています。

注意したい点

「音7」は反対も「音7」です。それゆえ神秘でもありますが、考え込むと迷路にはまった感覚になり、そこから抜け出られなくなります。1人で苦悶するのではなく、信頼のおける方に相談してみるのも大事なことです。主観から離れた客観的な立場のほうが、事の本質が見えやすいこともあります。

「『醒めた眼』と『温かい心』を持つ」

この2つの観点をもつことを意識することが大事でしょう。

《愛は時に人を盲目にする。冷静な判断と、相手を受け入れる優しさの二つがあってこそ、愛に満ちた人生を送れる》

このバランスの妙を味わうことです。

キーワードは「フォーカス」

「フォーカス」は絞りに絞り、集中を増すことで多くのインスピレーションやひらめきが降り注ぎます。あとは次の手順と流れに従うことです。できる限り、純真無垢、細部まで思い描く、思い続ける。このプロセスで物事が成就します。

別の視点からも少し考えてみましょう。極端な表現を用いると、「フォーカス」で幸不幸も決まってしまうということです。毎日恵まれていてありがたいと感じることに目を向けるのか、不足や不満に感じることに目を向けるかという「フォーカス」のちがいで、人生は雲泥の差となります。

「フォーカス」は今現在の自分自身の心のリズムに共鳴、共振します。今まで以上に「フォーカス」に気を配り、冷静に見つめ直してみましょう。

「13の物語」⑦　料理本で驚異の2000万部は「音7」

カリスマ料理研究家・栗原はるみさん。栗原さんも「音7」です。料理本としては異例のトータル2000万部以上の出版記録をもっています。

「仕事もプライベートも、より丁寧に暮らしていきたいです。私は、人が面倒くさいとか、億劫だなと思うことを、丁寧に粘り強くやっていきたいと思う方なんですね。どんなことも楽しんでやる。そうすればよいことが後から付いてくるって、いつも、そう信じています。

また毎日の暮らしの中でも、小さな幸せを見つけることを楽しむようにしています。まだまだやりたいことがいっぱいあるので、それに向かって後悔しないように、一日一日を大切にしながら過ごしていきたいと思っています。身体も心も元気でないと、良い仕事はできないですし、楽しい暮らしもできませんよね。

私は常に、どうやったら幸せでいられるのか、真剣に自分と向き合いながら、何があっても前を向いて、全力投球でやるよう心がけています」と。

栗原さんの料理レシピの特徴は、例えばジャガイモを使う場合など、新鮮でとれたてのものと、すでに10日ほど経過したもののどちらを材料にしたものでも、同じ美味しさのレベルに収まるように何度となく試し、細やかに検証され、まとめられていいます。いわば、生きたレシピです。レシピに魂がこもっているのです。これが、世界的にも支持されている最大の理由にちがいありません。

我を忘れ、多くの方々に細やかに的を射たアドバイスができるよう時間域を超えて試作を続けてきたのです。魂のレシピだからこそ、世界中の人々の心に強く響き、魂に届くのです。

音8 「秘められた能力・役割」 調和　包含力　力強さ・次のステージへの誘導

「8」は「八方美人」「八方塞がり」などの言葉に象徴されるように「全方向」を表しています。そのため、万遍なく周囲を見渡しながら、細やかに心配りができます。調和とバランスに人一倍重きを置きます。

調和やバランスは、柔軟性があって成立するものです。自分の考えに固執していては、トラブルになるのが目に見えています。自分の考えをもつことは大事ですが、そここにこだわり過ぎないことです。

また、妥協をよしとしない傾向があり、自らを律するのはよいのですが、相手への要求にならないよう気をつけたいところです。そのためにも寛容さを身につけることに尽きるでしょう。

また「8」は、無限大を表しますが、スキルや技術に磨きをかければ、果てしない高みに上ることができるでしょう。

「音8」には、大ヒットとなった『体脂肪計タニタの社員食堂』で一躍注目企業となったタニタ・谷田千里社長がいます。同書は、細やかなカロリー計算で体の調和とバランスを保ち、健康を維持する指南書のイメージです。「健康に関するものは何でも測れる会社を目指す」と熱心に研究を続け、日夜スキルアップに取り組んでいます。

「ド・レ・ミ・ファ・ソ・ラ・シ・ド」は8音階です。「音8」は共鳴者、支持者が一定レベルを超えると1オクターブジャンプするのです。「体脂肪計タニタの……」という本も一大ブームになるほど多くの賛同と支持を集めました。この出来事を通じ、タニタは大きく認知され、国民の多くが知るところとなりました。

共鳴者が増えれば増えるほど、力強さがさらに増し、次のステージが自然な流れのなかで準備されるでしょう。そのためにも細やかなコミュニケーションが大事です。どこまでも心を砕いて、語り合う機会をもつことです。できるだけ相手を包み込むようなイメージをもちながら……。

この流れの中で、確実に無限の可能性の扉が開かれるでしょう。

注意したい点

全方向に関心があるため、周囲の意見や空気に過敏に反応する傾向があります。周囲の意見に耳を貸すことも必要ですが、すべては調和でありバランスです。

また過信は禁物です。「フォロー」「支える」ことを強く意識しましょう。「音8」のヒラリー・クリントン元大統領夫人のような前向きな発想と自信をもつことも大事でしょう。

クリントン元米大統領夫妻のユニークな逸話を紹介しましょう。

ある日、ヒラリー夫人のボーイフレンドだったという町工場の経営者が訪ねてきた。彼が帰った後、クリントン氏は「一国の大統領になった僕を選んだ君の選択は正しかったね」と言った。

すると、ヒラリー夫人は「あら、私が彼と結婚していたら彼が大統領になっていたわよ」と。

ご主人が成功するかどうかの鍵は奥さまが握っている。これは大いにあり得ることでしょう。

人間は必ず母の胎内を通過して地上に誕生します。それゆえ、女性は男性を生み変えることができるともいわれてきました。

女性が明るく前向きで、力強ければ、家庭や国、しいては地球までがよみがえるでしょう。

確かに、ヒラリーあってのビル・クリントンではないでしょうか。

「音8」は周囲を必要以上に気にしないことです。

キーワードは「フォロー」

「フォロー」は感謝の心でなすことが理想です。潜在意識の研究で知られる牧師のジョセフ・マーフィーは「音8」です。次のように語っています。

「あらゆる人に感謝しなさい。そうした態度は潜在意識に刻印され、あなたをますます幸福にします。これが感謝の法則です」

結局は、「感謝」や「愛されている確信」が「未知の領域」と「右脳」を動かすのです。

「人の長所を見れば教えとなり、人の短所を見れば慢心となる」

複眼で物事を見つめることは、本質をつかむうえで大事なことです。そのためには、短所は自らに当てはめ、省みる要素にすればよいのです。またフォローするような寛大な心をもつことです。すると短所も含めて有意義な複眼での見つめ方が可能となるでしょう。複眼で本質を見る。いい感じです。

「13の物語」⑧ 「一途に一心に」の姿の「音8」に次のステージは準備されていた

「音8」に「天皇陛下の執刀医」として知られる順天堂大教授・天野篤医師がいます。以前、NHK『プロフェッショナル 仕事の流儀』にも登場しています。大学受験に3度失敗。医師としてもさまざまな挫折を体験。そんななかでも手術現場に数多く足を運び、見学するなど熱心に研究し、腕に磨きをかけてきました。

そんな天野医師の姿勢を象徴する言葉があります。

「一途に一心に」

全方向に関心がある「音8」は、広がりすぎて的が曖昧《あいまい》になることを避けなければなりません。だからこそ「一途に一心に」。集中すると驚異的な成果をあげます。

挫折を創意工夫で克服する繰り返しの中で「名医」へと到達した天野医師。それゆえ、いつまでも謙虚な姿勢で学び続けることができるにちがいありません。「一途に一心に」1つのことに真摯に向き合うことは謙虚さにもつながるでしょう。

また、日経メディカル『私にチカラをくれる〝とっておきの言葉〟』のコーナーにも登場し、次のように語っています。

「ずっと心に置いている言葉があります。

『得意なところで人の3倍努力して宝物を手に入れろ！』

元は、私が手術を担当した、ある患者さんからいただいた言葉です。

当時の私は、とにかく患者さんのそばにいたい時期でした。その日も、術後の経過が気がかりで深夜、集中治療室に行くと、社長業をしているという患者さんが『良くやるね。俺も若い頃は頑張ったもんだ』とねぎらいながら、『得意なところは人の3倍やらきゃダメだ。やれば何かが見えてくる』と言ってくれました。

その言葉に勇気が湧き、ますますやってやろうという気になりました。

私は高校の頃からアントニオ猪木さんの大ファンでした。コブラツイストのようなユニークな技が、いつも彼を輝かせていたからです。プロレスはショービジネスだと承知の上で、ときにシナリオから逸脱して真剣勝負に出てくるところも好きでした。

コブラツイストではありませんが、医師でも他の職種でも、得意分野で突き抜けた実力があった方が、社会に貢献でき、仕事への熱意も高まります。臨床でも教育でも研究でも、どれか一つで良いのです。それが私にとってはOff-pump冠動脈バイパス術となりました。

私の中で、この言葉とセットになっているのが『一途一心』です。ひたむきに一心不乱に取り組むことでいつも以上の力が出る、という意味を含んでいます。周囲からの評価でなく、自分自身の目標を置くことこそ、見えない何かをつかむスタートラインだと心に刻んでいます。

周囲が気になるうちは、人の3倍努力しているとは言えないということですね」

最後の一文に人工時間域を超える秘訣が披露されています。また「音8」の目安となる心のあり方が圧縮されているように感じます。魂を注入した仕事を継続すれば、やがて大きな影響力をもち、それが社会貢献へとつながるのではないでしょうか。

音9 「秘められた能力・役割」徹する力　元気づける力　（ワクワクドキドキ）　実感・拡張

「音9」のエネルギーは躍動感に溢れ、人々を元気づけ、勇気と希望をもたらします。ワクワクドキドキするものに惹かれ、そこに全神経と意識が集中します。これは「子ども心」に似たもので、「右脳優位」の状態といえるでしょう。この状態が続くと、インスピレーションやひらめきに誘導されることが立て続けに起こります。

この状態を維持するために必要なのは、夢や希望を抱き続ける力です。どんな逆境の中でも失望しない底抜けの明るさがやがてミラクルを起こすことになります。

アパルトヘイト撤廃に尽力し、ノーベル平和賞を受賞したネルソン・マンデラ元南アフリカ共和国大統領は「音9」です。27年間に及ぶ獄中生活。釈放後の目覚ましい活躍は、「音9」の楽観的思考と喜びを見いだす能力に負うところが大きいでしょう。

一緒にいるだけで元気になってきます。

全体像（グランドデザイン）を描くことができるかどうか、これが「音9」の持ち前の爆発的な力を発揮するための必須条件です。明確にイメージできたとき、意識の集中がなされ、多くの人々の心を結集できるのです。それが大きなパワーとなって、常識では考えられないことが具体的に起こります。

それを可能にするのは「感じる」そして「実感する」ということです。思考だけでは単に観念的で、そこに「実感」があると臨場感がせまってきます。それゆえ相手に伝わるのです。

この流れを繰り返すことで、拡張という現象が起こります。

拡張の力は、世に知らしめる力でもあります。そのため社会的影響力をもつことになります。作家・村上春樹さん、世界的に「ユニクロ」を展開する柳井正ファーストリテイリングCEO、国民栄誉賞に輝いた女子レスリング吉田沙保里選手、カップヌードルを世界的に広めた安藤百福さん、ミスタープロ野球・長嶋茂雄さんなど挙げれば切りがありません。

「9」が登場することで、社会的な認知度が一気に上昇することがおわかりいただけたのではないでしょうか。

拡張は、心からよさや素晴らしさなどを実感したところから始まるのです。

注意したい点

「音9」は自らの思い入れの強い方に完璧なまでにシフトします。それゆえ、それ以外のことが、とても面倒に思えてくるのです。

「人生の岐路では、必ず面倒くさい道を選んできた。面倒なことは誰もしないし、より多くのヒントが転がっている」

こんな人生訓のような言葉もあります。実は、「面倒」「損」を選ぶと右脳が動き出し、「未知の領域」の力が発動するといわれています。なぜなら「打算」こそ左脳思考の典型だからです。

「音9」には、さだまさしさんがいます。次の言葉は印象に残ります。

「本当の会話とは体温計です。自分の心の温度を言葉で相手に伝える。相手の言葉を聞きながら、一生懸命に温度を感じようとする。互いの気持ちを思いやってこそ会話と呼べるのです」

一方通行にならないように、相手の心の温度を感じようとすることも大事なことです。

キーワードは「傾聴」

「音9」は1つのことに意識が向くと、一途に徹する姿勢を貫きます。それ以外のことには、関心をもたないどころか、全く聞く耳をもちません。だからこそ、しっかり相手の話に耳を傾け聴く。これを実践するだけで視野が広がり、解けなかったものが解けたりするものです。

また「音9」は全体像（グランドデザイン）を描けるかどうかがポイントになります。そのためにも用意周到に準備し、多くの人々を取材し、たくさんの話を聴くことです。そのうえで実感すること。この流れを大事に実行に移しましょう。

ただし、うわさ話や意味のない会話に耳を傾ける必要はありません。

「13の物語」⑨　夢を実現させ、世界記録を打ち立てた映画監督は「音9」

世界の歴代映画で興行収入1位は『アバター』2位『タイタニック』です。2作品ともジェームズ・キャメロン監督による作品で、これは映画史上に残る大偉業といえるでしょう。同監督は「音9」。

私たちを最もワクワクさせてくれるのは、やはり「未知の領域」ではないでしょうか。

そもそも15歳のときに見た『2001年宇宙の旅』に感銘を受けたところから映画への関心は始まったようです。何しろ10回も見たと証言するほどです。宇宙は典型的な未知の世界です。

宇宙とともに自然への思い入れも並ではありません。環境問題にも熱心に取り組んでおり、世界15か国にそれぞれ100万本の木を植えることを企画しています。『アバター』は、大自然に囲まれた衛星パンドラの住民ナヴィ族と、そこに希少鉱物を求めてやってきた人間との対立と共存が描かれています。そこには、環境保全、生態系の調和というメッセージも込められています。

また、3000時間以上の水中滞在記録をもつスキューバダイバーであり、世界各地で難破船探索や深海調査等を行っています。それに飽き足らず、考古学にも関心を示しており、ドキュメンタリー番組を制作するほどです。

「未知の領域」と深く関わり、自らが心の底からワクワクドキドキすると、考えられないほどの拡張が起き、計り知れない影響を及ぼすのです。

大学中退後、喫茶店のウエイトレスに惚れ込み結婚。トラックの運転手をしながら食いつないでいる時期もありました。それはそれで大いに結構なことですが、「音9」は自ら心の鼓動の高まりに注目することでしょう。そこに、すべてを注入するとき、最大のパワーが溢れ最高の輝きを放つ人生となるでしょう。

音10 「秘められた能力・役割」 形にする力 引き出す力 洞察力・調整

「音10」はビジョンや構想など目に見えないものを形にする能力です。形にする場合、最も大事なことは、提案者の真意と意向をしっかり読み取ることでしょう。ここで「音10」には、相手の意図をきめ細やかに感じる敏感さが願われます。五感を中心とした感覚で見極める力をもって生まれているのです。これがひとりひとりに潜んでいる能力や才能を引き出す力にもつながります。このような力をもった人材こそ、とりわけ教育界に必要とされるでしょう。

「ひとりひとりに付与されている無限の可能性を開花させる」これこそが教育の本質ではないでしょうか。教育現場にこの力をもつ先生たちが配置されることで、数多くの問題が未然に防げるにちがいありません。

「洞察力」は、愛と思いやりのレベルに比例します。心からの思いやりをもつことで、まるでテレパシーで通じ合える感覚になります。また少しでもこの感覚を「実感」することです。

数々の名曲を世に残した「音10」の作詞家・阿久悠さん。鋭い洞察力と豊かな感性を具体的な作品に仕上げました。作詞した曲は5000曲以上、また番組の企画書を書かせたら日本一とも言われたほどの才能の持ち主です。

阿久悠さんは大の高校野球ファンとしても有名です。何しろ夏の甲子園開催中の2週間余りは休業。全試合スコアブックをつけるほど、一球一球に目を凝らしていたのです。そのため期間中の昼食は、決まってテンヤモノ。テレビから目を離さずに食べられるからとのこと。そこまで徹しての観戦でした。

ここまでの熱の入れようには「理由《わけ》」があります。「洞察力」や「感性」にさらなる磨きをかけるために「感動」を大事にしていたからです。阿久悠さんにとっては、毎年の儀式のようなものだったのでしょう。「音10」のプロデュース能力は、長所と輝きを引き出すことでもあります。

何らかの「調整」をする場合、何をおいてもお互いの信頼関係がしっかり築かれていることが大原則です。大相撲でいえば行司のようなものです。ある意味、私情を全くはさむことのない神職のような清廉さが求められます。

これはどこまでも自らに磨きをかけ、「意図の純粋性」を高めていくしかありません。

注意したい点

「音10」は人と人の間に入りながら調整する立場をたびたび願われます。それゆえときには「命の洗濯」が必要です。言い方をかえるとリフレッシュすることが、とても大事になります。窮屈さや行き詰まりを感じたら同じ「音10」の作家・城山三郎さんの言葉を思い出してください。

「どんな事態にも、第三の道がある。そう思えば、人生にも新しい風が吹いてくるのではないか」

前記のような精神で、どんなときも決してあわてず、失望することなく、そのことに向き合いましょう。気づきを得るほど、「新しい風」が吹き、一気に流れは変わるでしょう。

キーワードは「調整」

調整を試みる場合、次の言葉を念頭におき、物事に対処していきましょう。

「運命を受け入れる勇気をもつと、物事の本質がハッキリみえ、すべてが定まります。一切の迷いが吹き飛ぶのです」

「運命をそのまま受け入れる」とは粋《いき》に感じる生き方です。

「音10」のサントリー佐治信忠CEOは、抜群の調整力を発揮しています。変化の激しいコンビニエンスストア業界で12年間社長を務め、11年連続増益を実現してきた新浪剛史氏の経営手腕を高く評価。２０１４年5月にローソン社長を退任し、経営の一線から退いた絶妙のタイミングで、サントリーの社長として登用することにしたのです。世界で勝ち抜くため、後継は創業家に限らず、指導力に優れ、経験豊富な人材を迎え入れる。実に見事です。

「13の物語」⑩　米国・同時多発テロ「音10」の抜群の対応

さかのぼること2003年。この年に読んだ『リーダーシップ』は強く印象に残る1冊でした。

この本は402ページにも及ぶ厚さです。著者は9・11（2001年）テロ事件当時、ニューヨーク市長を務め、復興まで見事なリーダーシップを発揮したルドルフ・ジュリアーニ氏。

結果として9・11がジュリアーニ氏「音10」の存在を世界的に認知させることになりました。

《市民のみならず全国民の動揺を抑えた演説力。真っ先に現場に駆けつけた行動力。そして大胆かつ迅速な復興計画の策定と実施力。本書は、今世界で最も注目を集める指揮官の1人、ジュリアーニ・前ニューヨーク市長自らが記した自伝的リーダー論であ

る》

上記のレビューは、当時のメディア（2003年当時）に掲載されていたものです。読後、心深く鮮明に刻まれたのはジュリアーニ氏が用いた「割れ窓理論」とその絶大な効果でした。

市長就任当時、ニューヨークは〝腐った大きなリンゴ〟と皮肉られるほど、失業者や犯罪者が溢れ、荒廃しきっていました。この状況を徹底改革で驚くほどの結果を挙げていきます。

以下、「ニューヨークの奇跡」と呼ばれる当時の成果です。

犯罪件数57％減少、発砲事件75％減少、受刑施設での囚人どうしの暴力事件93％減少、就職斡旋《あっせん》件数16倍に増加、観光客数約45％増加……など。

この改革の根幹にあったのが「割れ窓理論」です。

この理論を次の手順で実践したのです。

「割れた窓を放置しない」―「犯罪できない社会の心理をつくる」「小さいことから秩序

を回復する」という流れです。

まず小さなところから徹底的に是正。すると、大きなことまで明らかに改善されるのです。些細な交通違反や落書きの排除などの積み重ねが、殺人事件などの激減につながったのです。

このパターンを知ったことで、立て直しや再出発に最も必要で大事な手順。理念や思いを具体的形にする（プロデュース）手法など、とても勉強になりました。

押し迫った状況にあるときほど、問題の本質を見抜き調整する「音10」の力はリーダーとして必須です。国民性のちがいはありますが、東日本大震災の復興を進展させるには、ジュリアーニ氏のような典型的な「音10」のリーダーシップが必要なのではないでしょうか。

音11 「秘められた能力・役割」解き放つ力（開き直り） 貫徹・改革（浄化） スクラップ力

「音11」は削ぎ落とし、枠組みを変える能力をもっています。エゴやプライドがまん延している現代社会。定期的にスクラップ・アンド・ビルドを繰り返しながら、本来あるべき姿へ帰っていくのです。そのためには、物事の本質を見極めることが何より大事なことといえるでしょう。

そのためにも、まず削ぎ落とし、絞りに絞る。別の表現を用いれば「浄化」です。大きく変化させるためには「浄化」と思える現象が必然であり、その過程を通じ、気づきを得て自分自身のエゴやプライドが減少する。これが理想的な流れです。

いつしか「富」や「名声」を求め、「かたち中毒」に陥ってしまった現代文明。それと古代文明を融合させ、本来あるべき世界に戻すには、「音11」の勇気ある言動と行動が必要です。

人の評価以上に、自分自身が納得できる生き方を志向してこそ、「音11」は輝くのです。個人的な観点ではなく、あくまでも大所高所の見地からこの姿勢を貫くことです。「音11」の能力をいかんなく発揮したのは、小泉純一郎元首相ではないでしょうか。政治的手法や成果はさておき、「自民党をぶっ壊す！」「郵政民営化」などの衝撃的な発言が強く印象に残っています。

「改革」をいざ実行に移すには、総合的な能力が問われます。そして何より、ぶれることなく自分の志を貫く強さです。

小泉元首相の原形が垣間見える逸話を1つ。

《福田赳夫の秘書を務め、後に総理となる福田から政治家としての薫陶を受けた。社会人生活の第一歩を浪人でスタートした小泉は、毎朝4時に起床した。横須賀駅5時半発の電車に乗って、2時間かけて世田谷区にある福田赳夫邸へと通った。

福田のもとには初当選したばかりの塩川正十郎がいた。当時のことを塩川正十郎は『週刊文春』の阿川佐和子との対談でこう語っている「そうそう。彼は早起きで、福田さんの家の玄関で靴揃《そろ》えておったね。下足番だったの」「で代議士が帰るときモータープールで〝何々先生お帰り～お車ぁ～〟て運転手を呼んでたの（笑）。だから、僕は彼のホームページに〝まさか総理大臣になるとは思わなかった〟って書いたんです。大変な苦労をしてますよ」「そのとき、福田さんが〝こいつは意地の強いやっちゃ。なかなかしっかりしとる。だから、大物になったら、とんでもない大物になるけど、はぐれたら処置ない奴ぜぇ〟と言うたことがあるの」。福田邸で秘書の仕事は午前中で終わり、午後からは地元横須賀で自身の政治活動を行い捲土重来を期していた》（〝小泉純一郎〟『ウィキペディア：フリー百科事典』更新日時２０１５年８月25日より）

注意したい点

「初志貫徹」は単なる思いつきや個人的感情の類ではありません。そこには、公的な大義が必要であり、人一倍の覚悟と決断がなければなりません。そのためには、常に「何のために？」という問いかけを自分にし続けることでしょう。そこで、意図や動機を確認しながら前に進むことです。これを繰り返すことで、練られ、覚悟が定まってくるのです。

地道にこのプロセスを踏まずに進むと、周囲を振り回すだけで、全く意味のないものになってしまいます。「音11」は、意図や動機の確認を徹底することです。それにともない、一貫性も必要です。これがないと信頼を失うことになるでしょう。

キーワードは「初志貫徹」

「音11」は、初志を曲げず貫くことがポイントになります。物事のプロセスにおいては、この姿勢。結果については、天のみぞ知る領域です。そこは「人事を尽くして天命を待つ」。これはよい意味での開き直りです。なすべきことはすべてなし、後は天に任せる。といったニュアンスです。「音11」の秋元康さんを評して弟子でもあり、ベストセラー作家でもある、同じ「音11」の岩崎夏海さんが次のように語っています。

「これはどんな仕事でもそうですが、僕は最終的には、『私心を捨てられたかどうか』が左右すると思っています。秋元さんは作詞をするとき、『ファンは何を喜ぶか』『アーチストは何を歌いたいか』だけしか考えません。自分の思いやメッセージを込めることはない。だから強いんです。だからアイディアは枯れない。自分のアイディアで書いているわけではないからです」

秋元康さんの曲作りの秘訣も披露されています。さすがにあれだけの作品を創作するだけのことはあります。いかに自分勝手な思考を捨て去ることが、シンクロニシティやミラクルの大きな要因になるかがよくわかります。初心を忘れず、忘我、無我、没我の先にすべては広がるのです。

「自分を捨てれば、すべての仕事が自分に合った仕事になります。向いた仕事を考えるよりも、奉仕し、捧げる心を持つことです。それが、すべての基本であることに、気づけるようになります。なぜなら、人間は、自分を捨てることからしか何かを始めることはできないからです」

自分を捨てるとは、究極の開き直りともいえるでしょう。自らの古き慣習や価値観などすべてを手放し、自らを明け渡すことです。「まな板の上の鯉」の如く、覚悟を決め、開き直る。今の時代は、この境地に至ると誘導が始まります。すると、すべてが『つながっている』ことに気づくのです。この自分を捨てた段階で人工時間域から外れるでしょう。

「13の物語」⑪ 「音11」は究極の目利き

『開運！ なんでも鑑定団』で有名な古美術鑑定家・中島誠之助さんは「音11」です。「お宝を見抜く 一瞬の技」と題した記事に感動を覚えました。

《指の節で「コンコン」。焼き物をたたく姿がテレビでお馴染みだ。でも、あれで一体何が分かるのか。

「なんでもかんでもたたくと思ったら、大間違いですよ」

「たたくのは磁器。平たく言うと石の粉なんですよね。中国の景徳鎮とか、有田の伊万里のような焼き物です。粘土でつくった陶器をたたくことはありえない」

たたくと、傷の有無と焼き具合が分かる。磁器に入ったひびは骨董《こっとう》用語で「ニュー」と呼ばれ、目に見えないことも多い。無傷のものをたたくと「キーン」と金属的な音、傷があると「ビーン」と鈍い音。焼きが悪いと「ボコッ」と濁った音がする。使うのは、左手中指の第二関節と決めている。「右指は強すぎる。焼き物を（利き手の）右手で支えたほうが安定もする」という。

商売道具だから、左指は常に大切にしている。以前、愛犬に引き倒されて右手の指を骨折した時も、左手は無意識にかばっていた。

初回から出演する『開運！　なんでも鑑定団』。「いい仕事してますね」は決めぜりふとなった。ニセモノを完全に否定はしない。「暮らしのスパイス。ニセモノがあるから、ホンモノが引き立つ」。ただし、「最初から人をだまそうと作ったものは許せない」。残念な鑑定結果に終わった出演者に、励ましやねぎらいを心がける。作品を見る目は鋭いが、人に注ぐまなざしは柔らかい》（朝日新聞夕刊〝華麗な人〟２０１４年４月３日より抜粋）

心に深く染み込んでくる中島誠之助さんの心意気であり言葉です。

《著書『骨董掘り出し人生』の中に、自身の一番のお宝は「小学校2年の時に遠足で拾った小石」とあり、驚きました。同時に、中島さんが考えるお宝の意味が少しわかりました。「金目のものは力で奪えるでしょ。力で奪えないものが尊いんじゃないんで

すか」と中島さん。お宝の本当の「真贋《しんがん》」とは何か、その奥深さを教えていただいた気がしました》

全く同感です。力で奪えないものが尊く、決して変わることのない価値をもつものです。浄化され、たどり着く境地がここなのでしょう。「音11」は純度を増すにつれ、ますますその分野の目利きとなるでしょう。

音12 「秘められた能力・役割」分かち合う力　処理能力　集める力・普遍化と安定

「音12」は分かち合う精神で溢れています。1人で感じるより、ともに分け合い共有したいのです。そのため、協力者や理解者の存在が「音12」の輝きを増してくれるでしょう。

人の何倍も相談に乗り、その問題の処理のために東奔西走することも多々あります。その誠実さゆえに、人々は協力を惜しみません。自らを捧げる姿勢に、多くの人の心は揺り動くのです。

また「音12」がその役目を果たすためには、よく学び、見識を広げることです。広がりと深さをもった分だけあらゆる面で人々をサポートできるでしょう。すると心の故郷のように数多くの人々が感じ、次々に集まってきます。

大事なことは決して否定的に人を見ないことです。認められたと感じた分だけ人は心を開き、心の内を話し出します。

「音12」は待つという行為も重要です。『運がよかった』という表現をよく耳にします。運というのは原則『運ばれる力』。だから、先のことをあれこれ考えずに、メッセージがくるのを待っていればよいのです。それまで、今にすべてを集中することです。すると、「これだ！」と感じるメッセージが向こうからやってきます。あとは、それに従うのみです。

見事なタイミングでメッセージが運ばれてくることを実感するでしょう。この感覚を何度も味わうとやめられなくなります。

もうすでに「新語・流行語大賞」が始まってから約30年になります。完全に年末恒例となり、多くの人々から認知されています。これほどの回数を重ねるには、それなりの理由があります。1年間を振り返り、世相を軽妙に反映する「ことば」が選ばれるため、多くの人々の共感を得やすいのでしょう。「ことば」とともに1年を共有した連帯感も広がります。

共有や連帯感こそ、「普遍化」「安定」のポイントといえそうです。

注意したい点

「待つ」という行為は、忍耐と信じることで、はじめて成り立ちます。これを別の視点から見れば、自分の中に溜《た》め込むことになりかねません。呼吸をはじめ、エネルギーの循環はまず吐き出し、それから新たなエネルギーを吸入します。溜め込んだままでは、循環が阻害されてしまいます。ここで詰まってしまうのです。

エネルギーの循環を取り戻すためには、できれば毎日、自分自身と向き合う時間をもつことです。これが、自分を愛するということです。夜、就寝前あるいは翌朝、瞑想をしたり日記を書くなどして自分の感じたことを客観的に受けとめ、慰労することです。これで無意識レベルがかなり落ち着くはずです。是非、溜め込みやすいという自覚がある人ほど試してみてください。

キーワードは「共有」

ひときわ多くの人々から支持され、広く関心を集めているのがJR九州の企画です。その中心として活躍するのが工業デザイナー水戸岡鋭治さん「音12」です。

7両の客車に定員はわずか30人。最も高い部屋は1室2人で110万円。豪華寝台列車「ななつ星in九州」が運行を始めています。予約は来年6月まで完売というから驚きます。

内外装に徹底的にこだわっています。有田焼の洗面鉢は、6月に亡くなった14代酒井田柿右衛門さんの遺作。最高料金の部屋は最後尾にあり、後ろの壁が巨大な展望窓になっているとのこと。得難い絶景を堪能できる人がうらやましく思えてきます。

水戸岡さんの作品は、「膝を打つほどの仕掛け」「細部にまで新しい発見」。いろんな記事に目を通しながら感じたポイントです。すべては、お客さまと喜びを共有したいということからきているにちがいありません。

「13の物語」⑫　世界を驚かせた「奇跡の脳」ジル・ボルト・テイラーさんは「音12」

人生に変容をもたらした1冊の本に「音12」のジル・ボルト・テイラー氏の『奇跡の脳』という本があります。脳科学の専門家としてハーバード大学の第一線で活躍する脳の専門家が、突然、脳卒中に襲われます。そこから考えてもみなかった人生が始まったのです。

左脳の機能が崩壊し、言葉や身体感覚だけでなく、これまでの人生を思い出すことさえ、全くできなくなってしまったのです。世界の受け止め方までも変わったと後に語っています。

体力の補強、言語機能を脅かす手術、8年間に及んだリハビリ。

しかし、驚くべき表現がつづられています。

「『奇跡の脳』は、心の沈黙という形のない奈落へ旅したときの、わたし自身による年代順の記録です。この旅の間じゅう、わたしという存在の一番大切な部分は、深い安らぎに包まれていました」

「あの朝が終わるころ、わたしの意識は、自分が宇宙と一体だと感じるようになりました」

脳科学者が脳卒中になり、自らの体験に基づいて書かれたものですから説得力抜群です。ちなみに茂木健一郎さんは「10年に1冊の素晴らしい本」とコメントしています。この本を書いた理由が「音12」の分かち合う、共有を実感させてくれます。

「この本は、右脳の意識への旅でもあり、そこでわたしは深い安らぎに包まれました。みなさんが脳卒中を体験することなく、わたしと同じ深い安らぎを得る手助けをしたい」

音13 「秘められた能力・役割」超越する力　忍耐力　予期せぬ変化を呼び寄せる・奇跡の力

「13」は「宇宙の定数」と呼ばれるものです。地球の衛星である月は、1年間でほぼ13回、地球の周りを回っています。またさまざまな惑星の回転周期や会合周期などもほぼ13の倍数になっています。それゆえ、この13のリズムに合わせる生き方をすると、シンクロニシティやミラクルに囲まれた毎日になります。

そのため富と名声をひたすら求めて生きるこの世に対しては、なじめない思いを感じることもあるでしょう。これは致し方ありません。「13」は他の音以上に、忍耐力とともに長い目で物事を見ることができます。長期戦になればなるほど力を発揮します。

また私利私欲を超越することで、予期せぬ変化を呼び寄せます。自分のミッションや使命と思えることに没頭し、惚れ込むことで、数々のシンクロニシティが立て続けに起こるでしょう。

「音13」にかつてノーベル化学賞を受賞した南部陽一郎博士がいます。

「南部さんという人はノーベル賞2〜3個分のことをしている人だと思いますよ」と専門家が評価するほどの研究者です。南部博士は1人で「現代素粒子理論」の骨組みをつくった人です。「既知」を一旦、ないものとすると、いよいよ「13」が稼働を始めます。「13」の可能性には興奮してしまいます。ノーベル賞クラスの発見や発明は、宇宙とつながってこそなされるものです。

〈G1通算100勝〉の武豊騎手も「13」です。前人未到の大記録です。武騎手のG1初制覇はデビュー翌年の19歳。1988年11月、スーパークリークに騎乗した菊花賞。以来25年をかけて、中央、地方、海外で積み重ねた偉業です。

四半世紀で到達した大台がいかに抜群で、はるか彼方のものか、騎手仲間がその重みを一番知っているでしょう。史上2位が岡部幸雄元騎手の32勝、3位以下は安藤勝己元騎手、横山典弘、岩田康誠騎手らが続きますが30勝にも届いていません。

思い出の勝利を問われると「早く凱旋門賞を思い浮かべたい」と答えています。〈百尺竿頭《かんとう》に一歩を進む〉。すでに到達した極点より、さらに向上の一歩を進める。

後ろを振り向かず、けがも乗り越え、常に前向き。名人、達人の境地とはこういうものかと感心してしまいます。

注意したい点

「13」は抜群の器用さをもっています。何事も満遍なくこなすのです。それゆえ迷いやすい面があります。それ以上に、意識が分散すると、深く掘り下げることに意識が向きません。物事の本質は、深く深くたどることで、魂の覚醒《かくせい》が起こるほどの気づきを得るのです。またそこでこそ宇宙の真理やメッセージに触れるのです。

オリジナル性を求める「音13」はよほど真意を十分に理解した上でないと、独善的になりやすいでしょう。大事なことは、たとえ時間がかかったとしても「真意」をかみしめること。忍耐力もあるため、大きな作品を手がけるためにもよくよく意識を向けてほしいところです。

キーワードは「没頭」

『三省堂国語辞典』の編さんなどで戦後の辞書の歴史に名を刻む1人が「音13」の見《けん》

坊豪紀《ぼうひでとし》さん。その半生は「言葉採集人」と呼ぶにふさわしいものでした。
新語集めは主に夜。新聞8紙に2時間、月刊誌に1時間、新刊本に1時間「これを毎日午後8時から12時までやります。新聞だけでもおよそ230ページほどになりますから、溜めたらたいへんです」（『ことば　さまざまな出会い』三省堂）
見坊さんの長年の体験に基づき「新語は日に三つずつ生まれている」と述べています。インターネットでも大量の言葉が飛び交う今、その数はもっと多くなっているのではないでしょうか。
こんな気の遠くなるような取り組みも「音13」だからこそできるのでしょう。長期間を要する辞書づくりプロジェクトには、これほど適した音はありません。

「13の物語」⑬　ゴリラに惚れ込み6年間一緒に暮らした京大総長は「音13」

「京大総長に　山極寿一《やまぎわじゅいち》教授　ゴリラ研究の第一人者」

この見出しに強く惹かれました。ここで何よりユニークに感じ、もっと深く調べてみたくなったのは「ゴリラ研究の第一人者」というフレーズです。調べてみると、山極教授の驚くべき足跡に遭遇しました。

「ここまでやるのか」と、ゴリラ研究の手法に感嘆の声をあげずにはいられないほどです。何しろ野生のゴリラを観察するために、アフリカの熱帯雨林に合計6年間も滞在しています。しかもゴリラの群れの中に混じり、一緒に行動しながら身近な距離で観察を続けたといいます。

さまざまな危険を犯し、ここまでするのは、ゴリラに惚れ込んでいるからです。ではどのような流れでそのようになったのでしょう。(「」内は山極教授談)

「ゴリラには他の猿にない、体から放たれる活力があり、人間がかなわない『威厳』をもっていると感じるのです。人間が本来あるべき姿を、ゴリラには見ることができます」

ゴリラの魅力については次のようにいっています。

「お互いの顔を見つめて、コミュニケーションを図るところです。これは他のサルにはない行動です。一般的にサルの社会では、相手の顔を見つめる行為は威嚇であり、強いサルの特権だといわれています。

そんなふうに思っていたので、ゴリラの観察を始めた当初も、なるべく目を合わさないように、下を向いていました。しかし、逆にゴリラの方から、私の顔を何度も覗き込みにくるんです。一体これはなぜだろう?と、初めはとても不思議に思いましたよ(笑)」

「相手の顔を見る行為は、ゴリラにとって強烈な意思表示になります。視線にはいろいろな意味が込められていて、言葉はなくても、対面姿勢をとることでコミュニケーションをとっているのです」

この辺りまで聞くだけでも感動ものですが、さらに驚きの生態が披露されています。

「ゴリラの社会では、力ではなく、むしろ弱い立場の者がイニシアティブを握っています。先程話したような顔の見つめ合いによって、弱い者は意思を主張し、強い者はそれを読み取ろうとします。

さらに私が驚いたことの一つに、喧嘩の仲裁が挙げられます。立場の強い者同士が喧嘩していると、弱い立場の者が仲裁に入り両者の顔を見つめます。すると、争いが止むのです。仲直りさせるのは、弱い者の役割なのです。

それは、両者のメンツが守られる仲直りの仕方を、ゴリラが心得ているからです。強い者が仲裁すると、強制的な終結となり、両者の心には不満が残ります。しかし、弱い者が間に入ると『仕方がない』と、自発的な和解ができるのです。これも他のサルにはない行動です」

ここまでくると人間が学ぶことが多々ありそうに思えてきます。山極教授がゴリラの魅力にメロメロになるのもうなずけます。こんな異色の経歴をもつ教授を総長に推挙するとは、さすが魅力溢れる京大です。「ゴリラとともに暮らした総長」を全面に出すだけで、未来のノーベル賞候補者たちが嬉々として入学してきそうです。

「音13」の没頭、惚れ込みはシンクロニシティの予感を感じさせてくれます。また感性が他の音とは、かなりのちがいがあるようにも感じます。

3

13の「銀河の音」でわかる組み合わせの妙味

ベストセラーとなった『嫌われる勇気』（ダイヤモンド社）は、アドラー心理学のポイントをわかりやすく解説したものです。その中で印象深いのが「人間の悩みは、すべて対人関係の悩みである」との表現です。われわれは対人関係から解放されれば、すべての悩みを消すことができるというのです。

確かに生きていく中で、人間関係のウエイトが極めて大きいことは誰もが認めるところです。

第3章はそんな人間関係に焦点を絞り、組み合わせの妙に触れてみることにしましょう。

まず人間関係の基本は「ちがいを認める」ことです。とくに親子の場合、子どもを親の望む方向へ無理矢理にでも誘導しようとしている姿をみかけます。しかしこれこそ、エゴそのものといえるでしょう。

自分の「銀河の音」だけでなく、すべての音や音同士の関連性、また流れなど「銀河の音」を学び「ちがい」をしっかり理解しましょう。

数万人の人生の一端を垣間見てきた視点から、人間関係のトラブルを避けるため3つの提案をしてみます。

○プライドを低下させる

あえて一言でまとめるとこれに尽きるでしょう。プライドは根本的に優位性であり、「自分が正しい」というスタンスを取ります。この立場を取ると、相手の話を真摯《しんし》な姿勢で聴くというより、自己主張に終始します。また相手を説得しようとします。

感謝の概念の欠如もプライドに連動します。感謝は単に「ありがとう」をひんぱんに口にすることではありません。感謝の「謝」は謝罪の謝であり、「あやまる」という意味があります。周囲に対して自分の不足さを心から詫び、申し訳ないという気持ちがどれほどあるかが問われるのです。

この課題への対処はどのようにすればよいのでしょうか。1つは他者を認め、尊重することです。これを意識し実践し続けると、プライドはかなり低下します。また自

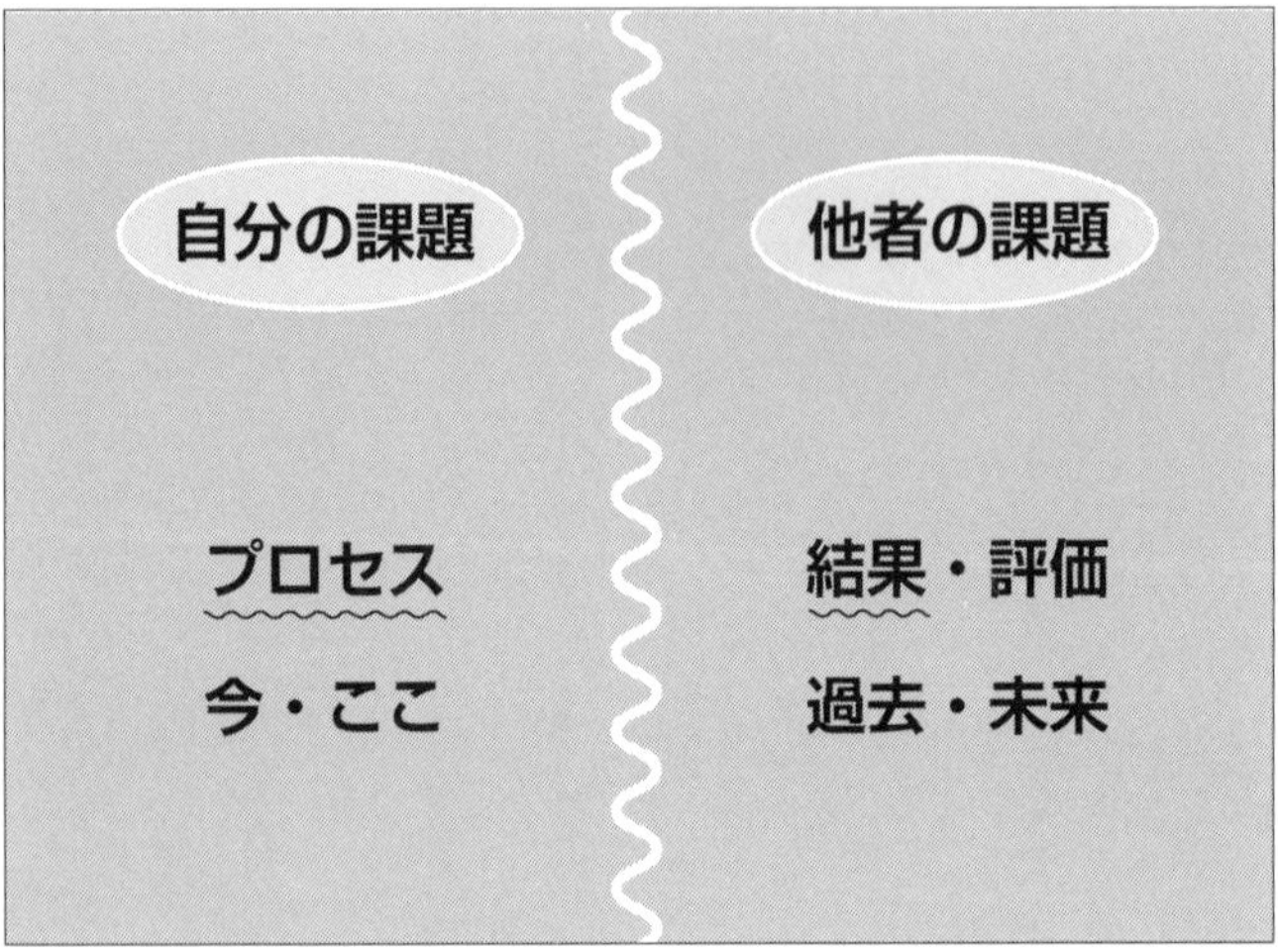

アドラーが提案する「課題の分離」

らを「修行の身」と心底思うことです。修行中は僕《しもべ》のような立場のため、どのような扱いを受けたとしてもある程度は甘受せざるを得ません。許容範囲が広がり、受けとめやすくなります。

◯「他者の課題」への介入をしない

アドラーが提案する「課題の分離」とは、「自分の課題」と「他者の課題」をハッキリ分けることです。簡潔に表現すると自分がコントロールできないものについては、ベストを尽くし、あとは天に任せるということです。「自分の課題」はプロセスで、結果は自分ではコントロールできないため「他者の課題」に入るでしょう。

ここの線引きがハッキリすると人間関係はもちろん、日々生きていくのがかなり楽になるのではないでしょうか。

○マヤの叡知《えいち》「インラケッチ（私はもう1人のあなたです）」を理解する

「インラケッチ」「インラケッシュ」はマヤのあいさつの言葉です。「私はもう1人のあなたです」あるいは「あなたはもう1人の私です」という意味です。となれば、「あなたにしたことは、私にしたこと」となります。

3・11の東日本大震災後の一時期、テレビCMは自粛していました。そこで流れていたのがACジャパンのCMでした。そこで何度となく耳にしたのが、金子みすゞさんの『こだまでしょうか』でした。

こだまでしょうか

「遊ぼう」っていうと
「遊ぼう」っていう。

「ばか」っていうと
「ばか」っていう。

「もう遊ばない」っていうと
「遊ばない」っていう。

そうして、あとで
さみしくなって、

「ごめんね」っていうと
「ごめんね」っていう。

こだまでしょうか、
いいえ、だれでも。

この詩こそ、「インラケッチ」を具体的に表現したものでしょう。これを頭ではなく、ハートでしっかり理解すれば、人への接し方がより改善されるでしょう。

「銀河の音」が示す4つの関連性と組み合わせの妙を味わう

これから示す4つの組み合わせを、さまざまな場面で応用すれば驚くほどスムーズにことが運ぶでしょう。是非、生活や仕事、あるいはさまざまなプロジェクトなどに応用してみてください。

①波長が合い、意気投合しやすい「倍音関係」

波形に共通点が多く、通じやすい関係です。互いのエネルギーを活性化し、動きを生み出すでしょう。

・音1、6、11
・音2、7、12
・音3、8、13
・音4、9
・音5、10

もちろん同じ音同士も波長が合いやすいでしょう（7同士は反対にもなるため例外とする）。

②「補完関係」

音同士を足してその和が14となる場合は「補完関係」です。補完関係は、基本的に足りない部分を補い合う関係です。ただしこれは互いにエゴが少ない場合に機能するもので、逆に自己主張が強いと、反対の関係でもあるため、トラブルの元になることもあります。

音1と13、音2と12、音3と11、音4と10、音5と9、音6と8、音7と7

理想的な補完関係が成立すると、2人でカバーできる範囲が大きく広がったり、最強のコンビにもなります。反対に全く理解しあえない、反発を感じる関係になる場合もあります。

③つながりを感じる「協和関係」

赤白青黄の色彩（254ページ参照）の特徴が共通し、1つの目的に対して協力し合い、つながりを感じ合える関係です。プロジェクトなどを遂行する場合など、効果的です。

・音1、5、9、13
・音2、6、10
・音3、7、11
・音4、8、12

物事に取り組むときのポイントになるのが固い結束です。ちなみに右から順に列記してみると、目的、挑戦テーマ、奉仕、心を中心に協力体制を築くのが望ましいでしょう。

④流れをつくる「連係関係」

何をするにおいても、「流れ」をつくれるかどうかで未来が決まってしまいます。大きなプロジェクトであればあるほど、「流れ」づくりが大事です。

この連係関係を築くときには、自分の「銀河の音」の前後2番ちがいまでの音がポイントになります。例えば、「音5」の場合、音3、4と音6、7で、「音12」の場合は、音10、11と音13、1となります。

この連係関係は、前にくる音が状況を切り開き、後の音がフォローにまわるパターンが一般的です。

実在する家族に当てはめてみましょう。音9、11、12、1、3、5の6人家族がいますが、2番ちがいで収まっています。これは結束が強い家族であることを意味しています。

とくに会社などで1つのプロジェクトを立ち上げる場合など、2番ちがい以内で流れる配列をつくると目に見えて成果が上がるでしょう。

以上4つの音の関係に注目しながら、それぞれの「銀河の音」と関連性、組み合わせをみてみましょう。

「音1」が示す人間関係

「1」は唯一分割できない「1」という単位です。この段階では関係は未だ生じません。ここでは、個人として人間関係に対する根本的な考えを身につけることが必要です。

分けて考えず、すべてを1つとしてとらえることです。決して境界線を引かないことです。

大事なことは、自分の周囲で起こることは自分の内面（潜在意識）の反映ととらえ、自分の責任と考えることです。相手の反応や態度に左右されず、ひたすら自分の責任を全うすることに意識を集中させるのです。この変わらない姿勢が絶対的信頼を生むでしょう。

またその誠実さが宇宙へのつながりを強め、いわば磁気を帯びた状態になります。その状態を確立すると、次々に必要な人やものが引き寄せられるという現象が起き続けるのです。

「1」「6」「11」は倍音関係です。波長が合い、新たな動きをもたらす組み合わせです。「音1」は決断力に秀でていますが、器用さには欠ける面があります。足して（総和）14が補完関係になります。したがって「1」を補完しカバーするのが「音13」の役割です。

協和関係の「1」「5」「9」「13」は目的が定まると一気にエネルギーが高まる組み合わせです。

また「12」「13」や「2」「3」とは連係プレーで、1つの流れをつくる関係です。総合的な視点からみると「13」が補完でもあり、協和関係でもあります。また連係の意味からもポイントになる可能性が高いでしょう。

《事例》

2010年4月7日、日本人2人が宇宙ではじめて同時滞在した記念すべき日です。そのとき、すでに長期滞在中だった野口聡一さんは「音1」。野口さんの後から国際宇宙センターへ到着したのが山崎直子さん「音2」です。

また何度か野口飛行士のバックアップクルーを務めた古川聡飛行士も「音2」。連係の関係です。

そもそも宇宙飛行士になるキッカケとなったのは立花隆さんの『宇宙からの帰還』を読んだこと。立花隆さんは「音6」です、「1」「6」「11」は、自分の意志を貫く傾向が強く表れます。波長が合い、激しく共鳴したのでしょう。

アニメ『宇宙兄弟』に野口さんは本人役で登場しています。著者は小山宙哉《こやまちゅうや》さん

「音13」です。小山さんを野口さんがフォローしたり、互いに補完し合う関係です。ちなみに小山宙哉さんはペンネームではなく本名とのこと。まるで『宇宙兄弟』を世に出すために生まれてきたようなものです。

時間軸、空間軸を超えた宇宙飛行士は驚くほど、すべてが準備されていることを実感します。

「音2」が示す人間関係

「1」から「2」へ移行すると、ここではじめて関係が生じてきます。すべての関係は、存在を認めることから始まります。マヤの「インラケッチ」の精神からすれば、「認める」という行為が「認められる」ことにつながるのです。認めるということは共感することでもあります。逆にいえば、共感は存在を認めるという行為そのものです。

人間関係のトラブルで悩む人は、根本的に相手を認める量が驚くほど少ない傾向にあります。自分の思いや意見を通そうとする以上に、まず、腰を据えて相手の話を聞くことです。

「音2」の人間関係の大きなポイントは、しっかり向き合うことです。「何が問題で、まず何をしたらよいのか？」しっかり向き合うことで、エネルギーは集中し、充実したコミュニケーションが成立するでしょう。

他の音とちがう点は、直感タイプが多く、発言が突然変わることがあります。白黒ハッキリさせようとする意識が強いほど、迷いと葛藤《かっとう》が生じるでしょう。その都度、ジャッジすることにこだわらないことが大事です。

また鋭い感覚をもっているため、批判は極力避けることです。そもそも批判は、自分が正しく、相手がまちがっているという思いからなされるものです。自分が正しいという考え自体、かなりの吟味が必要ではないでしょうか。

「2」「7」「12」が倍音関係で、意識や意欲を高めてくれるでしょう。足して14となる「12」とは補完の関係です。暴走を止めてくれ、修正をかけてくれるでしょう。「2」「6」「10」は挑戦テーマを中心とした協和関係です。

また「13」「1」と「3」「4」が連係プレーの関係です。

《事例》

世界で最も人気のあるスポーツはサッカーです。「FIFAバロンドール」という国際サッカー連盟が選出する世界年間最優秀選手賞は今まで5回（2014年まで）の選出機会がありましたが、そのうち3回がリオネル・メッシ（アルゼンチン）、2回がクリスティアーノ・ロナウド（ポルトガル）でした。これほど、互いに切磋琢磨し、しのぎを削る関係は類がないことです。リオネル・メッシが「音2」、クリスティアーノ・ロナウドが「音4」です。連係の関係で流れをつくる組み合わせです。2人の活躍でサッカー界全体が大いに盛り上がっています。まさに大きな意味で連係プレーそのものです。

叶うならば、同じチームでプレーする姿を見てみたいものです。

将棋界を代表する羽生善治さんは「音2」。一方、囲碁界を代表する井山裕太さんは「音12」です。これは「王将」を取るという目的に集中する将棋と、盤上の碁のバランス全体をみながら一石を投ずる囲碁とは戦い方が全くちがうことを意味しているのでしょう。補完関係のため、互いに学びになることが多々あることを示しています。

「音3」が示す人間関係

多種多様な人々とつながりをもちやすいのが「音3」です。つなげる役割を果たすためには、相手の気持ちに少しでも理解を示すことが大事です。自分の体験をしっかりと刻むように日々を過ごすことを心がけましょう。

また奉仕的な生き方を模索してみましょう。奉仕とは「仕える」ことです。これは自分の思いや考えを捨て去ることで実現可能となります。これを実践すると多くの協力者が次々に登場することになります。

具体的に行動することで大きな信頼を得るでしょう。行動することは味わうことにつながります。生き生きとした感覚を感じてみましょう。心が柔らかくなることで、すべてがスムーズに運ぶようになるでしょう。

「3」「8」「13」が倍音関係です。足して14となる「11」とは補完の関係です。「3」「7」「11」は奉仕的な目的や大義名分があると、固い結束が生まれやすい協和関係です。「1」「2」と「4」「5」が流れをつくる組み合わせです。

《事例》

2015年、高校野球も100年を迎えました。NHKを中心にさまざまな特集が組まれました。1世紀にわたる歴史の中で、最強のチームは桑田真澄投手と清原和博選手を擁したPL学園と発表されていました。桑田投手は「音3」、清原選手は「音11」の補完関係です。また甲子園で日本一を目指した協和関係でもあります。互いの持ち味を存分に発揮し、完璧なまでの強さでした。

補完関係が見事に作用し、そこに協和関係まで登場すると大きな実りを結び、シンクロニシティが引き寄せられるのです。

小泉純一郎元首相（「音11」）と小泉進次郎衆院議員（「音3」）も同じような関係です。

改めて「音3」と「音11」の組み合わせの妙に感心してしまいます。

今上天皇は「音13」です。昭和天皇は「音3」のため「3」「8」「13」の倍音グループです。それゆえ遺志を受け継いでいるのではないでしょうか。

「音4」が示す人間関係

「4」は東西南北、前後左右、起承転結など1つのセットとして安心感、安定感の印象を届けてくれます。

子どもが母親の胸に抱かれ、心地よく眠ることができるのは深い安心感と絶対的信頼を感じるからです。安心感は寛容な心で受け入れてくれる感覚を感じるところから始まります。

また決して相手に対して攻撃性のある心をもたないことが大事です。責める、許さない、裁く、怒る、ねたみ嫉妬などをできるだけ拒絶することです。

「4」はバランスを意味してもいます。それゆえ、識別能力や判断力に長けています。

それがさまざまな紛争問題を解決する能力として活かされるのです。

人間同士の争いに関わりやすい傾向にあるため、そこに埋もれることがないよう、自然のリズムに接するように心がけましょう。

「4」「9」が倍音関係です。足して14となる補完の関係は「10」です。「4」のヒラメキやアイデアは「10」のプロデュース能力で具体的な形となるでしょう。「4」「8」「12」は、心が通じ合うことを土台として結束する協和の関係です。「2」「3」と「5」「6」とは流れをつくる組み合わせです。

《事例》

2014年、史上最年少（当時17歳）でノーベル平和賞を受賞したのはマララ・ユスフザイさんです。女性教育のために立ち上がり、タリバンに撃たれた少女として知られています。マララさんは紛争問題解決能力をもっているといわれる「音4」です。そんなマララさんが強い影響を受けた女性がいます。イスラム世界における初の女性政府首脳であった元パキスタン首相ベーナズィール・ブットー氏です。同氏もマララさんと同じ「音4」です。強く魂が揺さぶられるほどの共鳴をしたのでしょう。

日本で国民的歌手の代表といえば、美空ひばりさん。ひばりさんは「音4」です。「歌手・美空ひばり」の存在が頭から離れないと常に語っていたのが「音10」の作詞家・阿久悠さんです。

「美空ひばりが歌えない歌をつくる」これが阿久悠さんのコンセプトでした。同級生の2人。先にひばりさんが52歳で他界したときに阿久悠さんがつぶやいた一言が印象的です。

「最高の歌手に、最高の作品を書いて歌ってもらいたかった」と。

生涯コンビを組むことはありませんでしたが、補完関係の2人が組んだらどんなに素晴らしい作品が誕生したことでしょう。想像しただけでワクワクしてきます。

ちなみにオノ・ヨーコさんは「音4」、ジョン・レノン氏は「音10」です。互いの才能と感性が見事に補完し合い、完成度の高い作品づくりにつながったのではないでしょうか。

「音5」が示す人間関係

「5」は、いよいよ社会との関わりの中で、さまざまな展開を体験し、輝き出すというプロセスを辿ります。ここで大事にしたいのは、自分の心からの願いに正直になることです。エゴを超え、分かち合える欲求をもつことは力の源泉となるでしょう。目的や方向性は定まると、がぜん力が入ります。ここで自分が中心となって責任をもつというスタイルで事に臨むと、多くの支持が集まるでしょう。とにかく秘めている底力は本人も驚くほどです。

それらを行動に移し、形にするためには、何より「自分の人間性を肯定的に受け入れること」です。複雑に考えるのではなく、肯定的思考でシンプルに行動することがすべての人間関係を円滑にするでしょう。

「5」「10」は倍音関係で互いの働きかけで最も活性化される組み合わせです。倍音関係の中でも最も強く機能する組み合わせです。互いの輝きに磨きをかけ、エネルギーは極度に高まるでしょう。足して14となる「9」が補完の関係です。「1」「5」「9」「13」は目的が明確なほど結束する協和関係です。

また「3」「4」と「6」「7」が連係プレーで流れをつくる関係です。

《事例》

今や日本の財界人を代表する立場を確立した楽天・三木谷浩史会長。プロ野球とプロサッカーチーム両方のオーナーを務めた例は過去にありません。毎年、フォーブス誌が発表する「日本人富豪ランキング」で2015年には3位にランクインしています。そんな三木谷氏は「音5」。「音5」のエネルギーを高め、互いに磨かれる関係となるのは「音10」です。創業以来、どんなときも支え続けたといわれるのが「音10」の妻である三木谷晴子さん。今日の楽天グループ、最大の功労者といえるのではないでしょうか。

日本興業銀行（現・みずほ銀行）に勤務していた当時、国際的なM&Aの斡旋《あっせん》を担当した顧客が増田宗昭氏（ＴＳＵＴＡＹＡ）「音6」、孫正義氏（ソフトバンク）「音７」だったといいます。ここにも日本の財界に大きな影響力をもつ盟友関係の流れが準備されていたように思えてきます。

「音6」が示す人間関係

「６」は柔軟性をもつことで、生き生きとしたバランスを実感し、深い喜びを味わうでしょう。自己主張や個人的考えに固執しないことが大事です。平等意識が強いため、上下という感覚以上に横のつながりに重きを置きます。

ここで意識したいのは「尊重」「礼」を尽くすことです。実行することで、さらに頼りにされ、信頼を増すでしょう。

「音６」は自分のリズム感があり、必要以上に合わせることが得意ではありません。ある意味、マイペースの典型ともいえるでしょう。「６」は地に根を張り、下ろした度合いに応じて強い信頼を得るでしょう。

ベリーダンスやフラダンスなどの大地につながる踊りをしたり、庭仕事、畑仕事などで土と触れ合うことで、ハートをオープンにし、スムーズな人間関係に導くでしょう。

「1」「6」「11」は倍音関係です。自分の意志を貫くタイプです。「6」の補完関係は「8」です。「2」「6」「10」は挑戦テーマが細かく明確なほど、一致団結し力を発揮するでしょう。

「4」「5」と「7」「8」が連係し、流れをつくる関係です。

《事例》

国民的タレントのタモリさんは「音6」です。多彩な芸で私たちを楽しませてくれます。そんなタモリさんの才能を見いだし、惚れ込み、車や自宅マンションまでプレゼントしたのが同じ「音6」の漫画家・赤塚不二夫さんです。笑いの感覚やセンスが驚くほど合致していたのでしょう。感覚が通じ合った典型的な「音6」の例ではないでしょうか。

2014年ソチ冬季五輪の男子フィギュアスケートシングルで金メダルに輝いた羽《は》生《にゅう》結弦《ゆづる》選手も「音6」。羽生選手が登場するまで日本のフィギュア界を支えてくれたのが「音5」の高橋大輔選手です。フィギュア男子の流れが実を結び、金メダルを手にしたのでしょう。

『人生がときめく片づけの魔法』で米国・タイム誌の「世界に影響を与える100人」にも選ばれた近藤麻理恵さん。近藤さんが片づけに関心をもつキッカケとなった著書が『「捨てる!」技術』と本人が語っています。その著者・辰巳渚さんは「音6」。それをさらに深め、生き方までさかのぼったのが2010年の流行語にも選ばれた「断《だん》捨《しゃ》離《り》」です。これを広く世に広めた、やましたひでこさんは「音5」です。これも1つの流れではないでしょうか。

「音7」が示す人間関係

「7」は大変な情報通です。あらゆる情報が驚くほど入ってくるのです。情報に振り回されないためには、情報を精査し絞りに絞る必要があります。

またイメージをふくらませ、そのものになりきることで、現実となる可能性が広がるのも「7」の特徴です。別の表現を使えば、「音7」は夢を見続けることができる人でもあります。

夢を実現しようとする意欲に溢れ、たとえ壁にぶつかってもメゲそうでありながら、いつしか粘り強く超えてしまうでしょう。

「思い込み」が人生の進路に大きな影響を及ぼします。できるだけ、希望的で前向きな「思い込み」をもつことが人生を明るいものにするでしょう。

神秘的なものに強く惹《ひ》かれるのは「7」の反対も「7」というところからきています。

「自分探し」をする傾向にありますが、探すのではなく「思い出す」というイメージに変えることで、人生がよりスムーズに変容を遂げるでしょう。

「2」「7」「12」は波長が合い、スムーズな関係を築きやすい倍音関係です。足して14が補完関係のため「7」は「7」。「3」「7」「11」は奉仕、大義名分を目的とした協和関係です。

「5」「6」と「8」「9」とは流れをつくる連係の関係です。

《事例》

日本を代表する実業家となったソフトバンク・孫正義CEOは「音7」です。上場の際、ソフトバンクを担当したのが北尾吉孝SBIホールディングスCEOでした。北尾氏は、野村證券で〝伝説の証券マン〟としてその名が轟き渡るほどの活躍をしていた人物です。そこに孫氏が目をつけ、ヘッドハンティング。95年、ソフトバンク常務取締役として入社。孫氏の片腕としてらつ腕を振るいました。

ところが10年後、北尾氏はソフトバンク取締役を退任します。孫氏の拡大主義的な経営方針に異論をもっていたともいわれています。そんな北尾CEOも「音7」です。同じ音でありながら、反対でもあり、補完でもあるという何とも神秘的で不可思議な関係です。

ロシアのプーチン大統領も「音7」です。以前、KGB（旧ソ連の国家諜報機関）のエージェントとして重要な情報を握っていた立場です。安倍晋三首相は「音6」。国家間にさまざまな難題はありますが、連係の関係のためか、個人的には互いに親しみをもっているように見受けられます。

これがよりよい外交に結びつけば有り難いのですが。

「音8」が示す人間関係

「8」は全方向を意味するため、大事なことは主観と客観のバランスです。「調和」こそ「8」にとって極めて大事で意識の中枢に留めておきたい言葉です。

「人間の悩みは、すべて対人関係の悩みである」とまで断言するアドラー心理学のアルフレッド・アドラーは「音8」です。ややもすると、対人関係で悩みを抱え込みやすい傾向があるといえるでしょう。

通じ合え、共鳴し合える関係を構築できると、目に見えて力強さとたくましさに溢れてきます。そのためにも自分自身の心の反応を冷静に見つめましょう。感動で忘れかけていた夢が目覚めると、無限の可能性が次々と開けていくことを実感するでしょう。

必要以上の干渉や介入には気をつけたいものです。「なめらかに」「ソフトに」を意識してみましょう。すべてがスムーズに運ぶでしょう。

「3」「8」「13」とは波長が合いやすい倍音関係。主体的な立場、対象的な立場の両方を器用にこなします。足して14となる補完関係は「6」。「4」「8」「12」とは心が通じ合う喜びを実感できる協和の関係です。

また「6」「7」と「9」「10」とは連係して流れをつくる組み合わせです。

《事例》

シンガーソングライター・松任谷由実さんには熱烈なファンが大勢いらっしゃいます。ファン（共鳴者）が次々に出現すると、1オクターブジャンプし、次のステージに移行するのです。いつしか日本を代表するシンガーソングライターになっていました。松任谷由実さんは「音8」。プロデュースや企画などでバックアップする夫の松任谷正隆さんは「音10」です。

「8」「10」という流れの中で、それぞれの責任を果たしているイメージです。

近年、苦戦が伝えられる日本マクドナルド。米国から日本へ持ち込んだのはカリスマ経営者の藤田田氏でした。藤田氏は「音7」。実際の後継として社長に就任したのは「音8」の原田泳幸《はらだえいこう》氏でした。原田氏はアップルコンピューター日本法人社長からの転身でした。当時7年連続で売り上げが下がっていた日本マクドナルドを短期間に立て直した経営者として、高い評価を得ています。

「7」「8」の連係の流れにある関係ですが、「7」の思い込みを「8」が主観と客観のバランスの中で修正を果たした例ともいえるでしょう。

「音9」が示す人間関係

「9」は躍動感のあるものに強く心が惹かれます。とくにワクワクするような目的をもったときは生き生きとし、モチベーションが一気に上昇します。驚くほど輝きがちがってくるのです。感動し、心が波打つと抜群の行動力にスイッチが入ります。

「9」は感じることが大きく影響します。人は過去や未来は感じるより考え、今現在は感じることが優位に働きます。まず瞬間瞬間、今できることを精一杯やることです。そこで何を感じるかが貴重なのです。

一緒にワクワク、何でも前向きポジティブ思考ができる人に囲まれることが大事です。そんな境遇の中でこそ、集中力ががぜん高まり、無限の可能性が開花するのです。逆にネガティブ思考の時間が長くなると、心に深くダメージを受けるでしょう。

幼子のようなワクワクした喜びと希望に溢れた姿が多くの人々を勇気づけ、拡張のエネルギーをもつようになるのです。

「4」「9」が波長が合う倍音関係です。足して14の補完関係は「5」です。目的を見いだし実行する「1」「5」「9」「13」は協和関係です。

「7」「8」と「10」「11」とは流れの連係を取る関係です。

《事例》

『タイタニック』『アバター』などの大ヒットで有名なジェームズ・キャメロン監督は「音9」。15歳のときに鑑賞した『2001年宇宙の旅』と出合ったことで、人生が劇的に変化を遂げました。映画館で10回みて、自作の宇宙船やプラモデルを使い、16ミリカメラで実験映画を撮り始めています。大きく映画の世界に心酔するキッカケとなった『2001年宇宙の旅』の監督は「音1」のスタンリー・キューブリックです。「1」「9」は目的を見いだし、具体的に実行へと向かう協和関係です。またこの組み合わせは時間を超えてシンクロニシティが起こりやすい組み合わせでもあります。世界的映画監督「音9」は「音1」が大きな動機づけとなったのです。

これと似たようなパターンが、日本のプロ野球で伝説ともいえるO・N（王・長嶋）

コンビです。世界のスポーツ界をみても、これほどのコンビは極めて稀《まれ》でしょう。所属する読売巨人軍もおそらく破られることのない日本一9連覇を遂げています。王さん「音1」長嶋さん「音9」です。

どうも「音9」はポジティブ思考が多いため、同じく前向きな傾向にある「音1」との関係が効果的に働くようです。

「音10」が示す人間関係

「10」は自分の人生を存分に生きたいという思いが人一倍強い傾向にあります。しかし実際には、さまざまな板ばさみにあい、内的葛藤を抱え込みやすいのです。積極的に個人的な意志を貫こうとするほど、葛藤は大きくなるでしょう。「10」の内情は、常に自分との折り合いをつけながら日々を過ごしているともいえます。自分との調整が、利害関係やトラブルなどの調整役として能力を発揮する礎となっているのです。

ビジョンや才能を具体的な形にするプロデュース能力に長けているため、ひとりひとりの持ち味や長所に目を向けることです。その習慣が多くの人々を活かし、活躍の場を広げることになるでしょう。

生み出し、仕上げるところまで至って、はじめて心からの喜びを感じるのが「音10」の特徴でもあります。人格的な対応をするため、多くの人に頼りにされます。そのひとつひとつに誠意をもって取り組むことで人間的にも大きく成長できるでしょう。

大事なことは、何事も全力で対応するため、時には〝命の洗濯〟が必要です。また思いっきりリフレッシュすることです。

「5」「10」は互いに強烈に作用し、新たなものを生み出す倍音関係です。足して14の補完関係は「4」です。「4」のビジョンを「10」が具体的な形にする組み合わせです。「2」「6」「10」の協和関係は、挑戦テーマでエネルギーが高まる組み合わせです。「8」「9」と「11」「12」は連係し、流れをつくる関係です。

《事例》

父親を慕い、後を追うように相撲界に入門したのが二代目・貴乃花です。初代貴乃花は「音9」。二代目は「音10」です。初代を尊重し、流れをくみながらも、切磋琢磨し、平成を代表する大横綱になりました。

2012年にノーベル生理学・医学賞を受賞した山中伸弥京大教授は「音10」。父親から医師になることを勧められていましたが、その気になれず迷いの中にいたようです。たまたま目にした徳田虎雄医師の著作『生命だけは平等だ』を読み、医師になる覚悟が固まったとのこと。徳田医師は「音8」で「音10」の山中教授を流れに乗せてくれたのです。

山中教授の右腕といわれるのが高橋和利さんです。山中教授は奈良先端科学技術大学院大学に助教授として赴任しました。そして1999年にはじめて研究室をもちましたが、学生が誰もいなかったようです。そんな山中研究室に最初に大学院生として入った一番弟子が「音9」の高橋和利さんでした。

山中教授の京都大学赴任にともない、高橋さんは博士号取得後、研究室ごと再生医科学研究所に移籍。京都大学で特任助教として勤務し、２００８年から京都大学助教、２００９年から京都大学講師を務めながら、山中教授をサポートしています。

山中教授の人生は「音８」の影響で医学を志し、「音９」が先陣を切ってサポートしてくれ、「音10」の山中教授が生理学・医学の分野で活躍する場が整ってきたという一連の流れです。

さすがに「音10」は板ばさみにあうだけのことはあり、流れの連係プレーの関係が極めて大事なのです。

「音11」が示す人間関係

「11」は人の真似を嫌い、独自の表現方法やスタンスをもち、オリジナル性に重きを置きます。極めて個性的で周囲と馴染まず、不協和音を起こすこともあります。閉塞状態や苦境に陥ったときの突破力は驚くほどです。「音11」の小泉純一郎元首相を思い浮かべるとイメージしやすいのではないでしょうか。

また形だけとなり内容のないものには手厳しく対応します。不要なものを削ぎ落とし、古い習慣や既成概念を崩壊させるパワーをもつ改革者です。大義名分など奉仕の精神で取り組むものを見いだすと、さらに強烈なエネルギーに満たされます。

人間関係も基本的には自分から合わせようとするタイプではありません。どちらかというと、周囲が理解し、尊重して受け入れることがポイントになるでしょう。削ぎ落としという行為を通し、意味のないものが剝がされ、本質が姿を現します。

「1」「6」「11」は波長が合う倍音関係です。足して14となる補完関係は「3」です。「3」「7」「11」は感覚を磨く中で、広がりをもつ協和関係です。「9」「10」と「12」「13」とは連係して流れをつくる組み合わせです。

《事例》

4代にわたって代議士（衆議院議員）を輩出している小泉家。政治家としての始まりは、小泉純一郎元首相の祖父にあたる又次郎から始まります。又次郎は横須賀市議会議員、神奈川県議会議員、横須賀市長、そして1908年に衆議院議員に初当選。以来、連続当選12回、通算38年間の代議士生活を過ごしています。逓信大臣、衆院副議長を歴任しています。そんな又次郎は「音9」。

後継は娘婿の純也氏「音2」で、防衛庁長官を務めています。鹿児島出身で小泉家に婿入りした立場ですが、義父となる又次郎とは音の関連を見いだすことができません。これはタイプが異なる政治家だったことを意味しています。

「音11」の純一郎元首相は明らかに隔世遺伝型といえるでしょう。又次郎とは「9」「11」と流れをくむ関係です。父親の純也氏とは関連が見いだせません。

進次郎衆議院議員は「音3」です。父・純一郎氏とは「3」「7」「11」の感覚で物事を感じ取り、行動的に活動する協和の関係であり、「3」と「11」の補完関係でもあります。孤高のイメージをもつ父親とはちがい、自民党内でも円滑な関係を築いているようです。

祖父にあたる純也氏とも「2」「3」の流れをくむ関係になります。

ある意味、「音3」の進次郎氏は政治家としての小泉家のすべてを結ぶ、まさに小泉家の結晶のような存在といえそうです。

「音12」が示す人間関係

「12」は何かをするという場合、それが自分の思いや欲望から出てきているのか、他者に望まれてのものなのかがわからなくなります。自分がないという不安感をもつこともあります。

他者から受け入れられやすいため、あえて自己主張する必要がない人生を歩んできたかもしれません。分かち合う気持ちが人一倍強い傾向にあり、「12」は他者との共存、協力という関係の中で自分の存在意義を実感するでしょう。人のために自らを捧げることで、大いなる輝きを放つでしょう。

また多くの人の相談に乗りながら、その気持ちに寄り添うことで絶大な信頼を得るのです。「12」の周りには、驚くほど数多くの人々が集うようになっています。その現象を阻止するものはプライドであり、過度の自己主張に他なりません。
全体を大局的視点から見つめ、自分のあり方を見極める冷静さをもっています。そのため、物事を処理し解消する場面で必要とされるのです。

「2」「7」「12」は倍音関係です。足して14の補完関係が「12」は「2」となります。「2」のヒラメキを「12」が共有し、普遍化するという組み合わせです。「4」「8」「12」は心のつながりを大事にし、物事を安定へもっていく協和関係の組み合わせです。「10」「11」と「13」「1」が連係し流れをつくる関係です。

《事例》

2015年、大きな話題の1つが芥川賞でした。小説『火花』で新人小説家の登竜門である同賞を受賞したのは又吉直樹さんでした。お笑い芸人の受賞は史上初の快挙です。又吉さんは「音12」です。

そもそも小説の魅力に気づいたのは中学の教科書に載っていた「音1」の芥川龍之

介『トロッコ』との出合いと回想しています。やはり思い入れの強いのは「音10」の太宰治です。2015年6月だけでも3度太宰の墓参りに馳せ参じています。6月は「桜桃忌《おうとうき》」をはじめとした太宰にまつわる記念日が多いことが大きな理由です。『人間失格』はすでに100回以上熟読していると語り、毎年、年はじめには同書を読み1年を出発するのが習慣のようです。

太宰治「10」又吉「12」芥川「1」と又吉さんは太宰と芥川の中間にいて、両方の流れにつながっているイメージです。

また、あくまで本業はお笑いと断言していますが、その分野で太宰と同じような衝撃を受けたというのがダウンタウンの2人だといいます。松本さんは「2」浜田さんは「12」です。コンビは補完関係ですが、「12」の又吉さんからみれば、松本さんは補完関係であり、浜田さんは同じ「12」のため通じ合いやすい関係です。それだけではなく、「2」「7」「12」の互いに感覚が通じ、波長が合い、感性が育まれる倍音の組み合わせです。関連の深さに驚きます。

ちなみにピースの相方・綾部祐二さんは「8」です。「4」「8」「12」の心のつながりで安定感をもたらす協和関係です。

「12」のテーマは見識を広げることです。さまざまな本を読み込んで、テーマに真摯に向き合う姿勢をみると、又吉さんの時代は当分続くことを確信します。

「音13」が示す人間関係

「13」は自分自身の意志に忠実に従って生きようとします。自分が心の底から納得した人生を送りたいのです。そのため人に合わせるという感覚はそれほどありません。

時々、人とのちがいやオリジナル性に価値を置く習性が顔を出します。感覚、感性のちがいを楽しむような環境に恵まれると、感性のセンスにさらに磨きがかかるでしょう。厳格で堅い環境は基本的に合いません。

無我夢中で1つのことに集中したとき、「音13」は驚異的な忍耐力を発揮し、長い期間モチベーションが下がらず、取り組むことが可能となります。すると時間の経過とともに、周囲に大きな影響、感化を及ぼすのです。

ソフトな第一印象のわりには、しっかりとした芯をもっています。自らの想いをたとえ時間をかけたとしても、着実にカタチにする粘り強さも併せもっています。

「3」「8」「13」は感性が心に伝わり、つなげる役割の倍音グループ。足して14となる補完関係は「1」です。器用なだけに迷いやすい面をもつ「13」の背中を押す係が「1」といった組み合わせです。「1」「5」「9」「13」が強い意志の働きかけを生む協和関係の組み合わせ。

「11」「12」と「1」「2」が連係し、流れをつくる組み合わせです。

《事例》

近代日本の財界だけでなく、教育界、政界にも多大な影響を及ぼしたのが「音13」の松下幸之助です。パナソニックを一代で築き上げ、経営の神様と称されるほどです。

幸之助はトヨタ自動車中興の祖・石田退三を師と仰ぎ尊敬しており、自社の役員さえ石田の元に勉強に行かせるほどでした。石田退三は「音9」です。

逆に、同郷の後輩・八尾敬次郎は終生、幸之助を敬愛し、同じように丁稚《でっち》から身を起こし八欧電機《やおうでんき》（現在の富士通ゼネラル）を創業しています。そんな八尾敬次郎は「音13」です。

「1」「5」「9」「13」は前向きな意志を培う協和関係の組み合わせです。

「5」に、同じく丁稚から身を起こした思想家・石田梅岩がいます。倫理教育を目的とするPHP研究所を設立したのも梅岩に倣ってのことです。

義弟にあたる井植歳男《いうえとしお》は松下電器の専務理事を務め、やがて三洋電機を設立します。井植も「音13」です。

松下幸之助の周囲をみると明らかに「13」が目立ちます。やはり独自の感性とスタイルで生きようとする「13」には、同じ「13」が通じる喜びを互いに深く感じ合えるのかもしれません。

4

マヤ文明が21世紀の人類に伝えたいこと

「時間の本質」は「13」×「20」のサイクルにある

マヤ文明は「時間の文明」ともいえるものです。

マヤ人たちは時間の謎を解き、時間の本質を明らかにすることこそ、自らに課せられた重大なテーマだと感じていたのではないでしょうか。

巨大ピラミッドや高度な天文学、ゼロの概念に象徴される高等数学など、つきつめればすべては、時間の本質を解明する道具だったのです。

マヤには西洋の「時間」に相当する言葉はなく、しいてあげれば、マヤ語（キチェ語）で「ナワール」（叡知《えいち》・スピリット）がそれに相当するとされています。私たちが時計で表す時間の概念はマヤの人たちには全くありません。

マヤ人の考えるナワールとは、神（宇宙）がもっているもの、すなわち「神の意識」のことにほかなりません。

マヤ人は宇宙を20の異なったナワール（神の意識）が「交代で支配」していると考

えたのです。支配というのは、力で配下に置くという意味ではなく、それぞれのナワールがもっている叡知のエネルギーが宇宙に流れるというわけです。宇宙は「20」のサイクルで循環し、神の意識が日々流れているということです。

そしてもう1つのサイクルが本書でも述べてきた「銀河の音」の「13」のサイクルです。

13のサイクルを「エネルギー」、20のサイクルを「神の叡知・意識」と見る。これこそマヤの「時間の本質」にあたるのです。

宇宙のリズムに合わせる

人間と自然、宇宙は見えないところでつながり、深く関わり合っています。人間は自然や宇宙から強く影響を受けています。

マヤ人たちは自然現象や太陽の動きが、大地に影響を与え、そこで起こる気象条件が植物の成長や動物たちの生育に大きな影響を及ぼし、その結果が自分たち人間の営みすべてに及んでいることに気づいていました。

宇宙の鼓動は大地の鼓動と連動し、大地の鼓動は人間の鼓動に大きく関わっています。この鼓動こそがリズムです。人間は宇宙のリズムに合わせて生きることが、本来のあるべき姿であったことをマヤ人をはじめ、先住民たちは深く理解していたのです。

宇宙の流れを理解せずして、人間の本質にはたどり着けないことを十分に知っていたのです。

時間の本質を見失った現代人

今、私たちが従っている「時間」、それは12時間、60分で計算される機械的な時間です。朝7時になれば起きて会社や学校に行く、12時になれば昼食を食べ、5時か6時になれば終業し、7時に帰宅する。この場合の「時間」は、ほとんどの場合、仕事や金銭を稼ぐためだけに存在するものです。余暇の時間は、金銭を得るために心身を休息させ、回復させるための時間にすぎません。

私たち現代人にとって、年や月日、毎日の時間といったものは、時の経過を計る単なる単位であり、時計の針が刻む機械的リズムにすぎないのです。

そこには湖面の静寂が漂い、渓流のせせらぎが奏でる生命の鼓動、雨や風が織りなすリズムはなく、〝生命の息吹き〟が感じられない機械的な時間が流れているだけです。

そこから見えるのは、自然界や宇宙のリズムと切り離され、競争に明け暮れ、生活に追われ、本質を見失い、孤独に生きる現代人の姿です。

私たちは今、混迷の時代に生きています。自分が何のために存在するのか、わからなくなっています。

それもすべてマヤが伝えたかった「時間の本質」を、私たちが見失ったことからきています。本当の時間は機械で測れるものではなく、心でしか感じることができないものなのです。

「人工時間域」超えた領域

イメージしやすくするために、この世の人工時間域を超え、自然時間域のリズムで生きた2人の人生を紹介したいと思います。1人目は「世界で一番貧しい大統領」として著名なホゼ・ムヒカ前ウルグアイ大統領です。

南米ウルグアイで、ある男性がヒッチハイクをしたところ、何と〝世界一貧しく謙虚〟と呼ばれるホセ・ムヒカ大統領が車に乗せてくれたというのです。

ほとんどの車が止まってくれなかったのに、大統領が自分を拾ってくれたことが信じられなかったといいます。

それもそのはず。ムヒカ前大統領は、〝世界一謙虚な大統領〟との異名をもつほど、気さくで謙虚な大統領として有名です。大統領の給料1万2000ドル（約140万円）の90パーセントを、ホームレスを救う慈善団体に寄付しているムヒカ氏。そのため、彼の月収は775ドル（約9万円）ほどにしかならず、これはウルグアイ人の平均収入と変わらない額とのこと。

また、国が用意した豪華な大統領邸の代わりに、妻と2人で小さな農場にひっそりと暮らしています。家で大統領の警護に当たるのは、警官2人と3本脚の飼い犬マニュエラのみ。しかも水道が通っていないため、井戸水を使用しているというのです。

「世界一貧しい大統領と呼ばれていますが、自分のことを貧しいとは思いません。貧しい人とは、豪華な暮らしを保つためだけに働き、次から次へと物を欲しがる人のことを言うのです」

ホセ・ムヒカ大統領は2015年3月1日多くの国民に惜しまれながら任期満了で退任しました。

2012年の地球サミットでの演説はあまりにも衝撃であり、実に的を射ています。その中でも次の言葉が深く心に染みました。

「貧乏な人とは、少ししかものを持っていない人ではなく、無限の欲があり、いくらあっても満足しない人のことだ」

「人類がこの消費社会にコントロールされているのです。私たちは発展するために生まれてきているわけではありません。幸せになるために、この地球にやってきたのです」

政治の世界こそ、人工時間域の只中で権力闘争に明け暮れ、最も自然時間域とはかみ合わない世界です。ところがムヒカ氏は完璧に「富と名声」を求める人工のリズムを超越し、自然のリズムで「本当の自分」を生きています。農場に住み、自然のリズムで暮らしながら、徹底して心の豊かさを志向していることが大きく影響しているのではないでしょうか。

もう1人はプロジェリア症候群という早老症を抱えながら、魂に響く数々の名言を残しているアシュリー・ヘギさんです。

同症候群は平均寿命が13歳といわれるなか、アシュリーさんは17歳（2009年）まで生きました。そんなアシュリーさんの感動的なメッセージに触れてください。

「小さいときからよくからかわれたし、いまもからかわれることはあるけど、そういうときは、『あなたにも同じ血管があるのよ』って説明するの。それでもからかうようなら、もう放っておくの。それはわたしの問題じゃなくて、彼らの問題だから。

プロジェリアじゃなければいいのに、なんて思わないわ。わたしは、わたしという人間であることが幸せだし、神様がわたしをこうお創りになったのには、きっと理由があるはずだもの。

もしかしたら神様は、〝わたしはプロジェリアだけど、こう生きている〟ということを人に見せなさいって、その機会をお与えになったのかもしれないって思うの。

この病気をとおして、人を助けなさいということかもしれないって思うの。

わたしのことをかわいそうだって言う人がいるわ。でも、その人たちはわたしじゃない。だから、そう言うんだと思う。だってわたし、自分のこと、かわいそうだって、ちっとも思わないもの。

わたしは、人の前で悲しい顔はしたくない。笑顔でいると、みんながハッピーになるでしょ。

ハッピーでいられる自分が好き。悪口を言われたときでも、誰かがわたしに怒ったときでも、相手に対して怒らないでいられる自分が好き。

嫌いなところはひとつもないわ。たまにはね、イラついちゃうときがあって、ちょっと嫌いになりそうになるけど、そういうときは、なぜ、わたしは怒っているんだろうって考えて、気持ちを落ち着けるようにしているの。そうすると、こんなことで怒るなんて意味がない、バカみたいだって思えてくるの。で、それで終わりにするの。

わたしはいつも前向きでいたい。前向きになれないときがこれまで1回か2回はあったかも。でも、ほとんどないな。

自信を失ったこともないわよ。だって、自信を失わされるようなことが起こったことなんてないもの。

人はこうなのに、自分はこうだとか、誰かと自分を比べて、どうこう考えたりしない。誰だって完璧じゃないもの。

ひどいことを言われて相手に怒りを感じたときは、その人に怒り返さないように、自分に待ったをかけるの。そこにいたらきっと言い返してしまうから、「ちょっと失礼」って別の場所に行って、一拍置くようにしているの。

一拍置いて、いま起きたことを考えてみると、憤りが相手にそういわせたんだってことが見えてきて、自分の中の怒りや悲しみが消えていくの。

人が怒っているとき、相手に対して、本心から思っているんじゃないようなことまで勢いで言ってしまったりすることがあると思うの。言い争いをするときって、売り言葉に買い言葉になっちゃうでしょ。そんな怒りのシーソーゲームを続けていても、なんにもならないじゃない？　だから、こうしようって決めたの。

もしも、わたしが誰かからあなたにはあと24時間の命しかありませんよ、と言われたとしても、それで困ったりはしないわ。死は誰にでも訪れるもの。恐れるなんて、意味がないことだと思う。

なぜ、ここにいるのか、それはわからない。でも、わたしたちがここにいるのには、何か目的があるはずだと思うの。

わたしはハッピーに生きたい。ほかの人たちを勇気づけられるように生きたい。

生きるチャンスを与えられているんだもの。わたしは、自分の定められた時間がくるまで、すこやかに生きていきたいと思っているわ。

わたしたちの祈っていることに対して、神様がそうしたいとお思いになったときは、必ずかなえてくださるんだと思っているわ。

いまは、特別な夢ってないの。家族がずっとずっと健康で幸せでいてくれたら、それでいい。自分がいま得ているもので十分幸せだと思うから、それ以上、ほかに思いつかないわ。

これからどうなりたいかって？　ハッピーで、みんなを勇気づける人になりたい。人の助けになれる人になりたい。愛情にあふれた人になりたい」

アシュリーさんの姿こそ「本当の自分を生きる」見本ではないでしょうか。アシュリーさんのプロジェリア症候群は通常の約10倍の速度で老化する病気です。この病気自体が時間の概念を超越しています。

メッセージを読んで感じますが、どこまでも人工時間域の価値観とは全くかみ合わず、私たちの魂まで届き、魂を揺すぶってくれるような内容です。

すべてを受け止め、どこまでも「創造主の意図」に従い、「天の配剤」を確信しています。

２人の言動や行動から人工時間域を超えて生きると、私たちの想像をはるかに超えた至福の世界が待っていることに気づくでしょう。人工時間域の価値観や思考に全く左右されません。

別の次元を生きているのです。

大きな勘違い

今まで人工時間域に生きてきた私たちは大きな勘違いをしています。代表的な2つを取り上げてみましょう。

「本当の自分は、自分が思っている自分像とはかけ離れていることが多い」

「本当の自分」は自分の想像をはるかに超えた存在ということです。何しろ無限の可能性がDNAに埋め込まれているのですから。

「本当の成長は、学んだことを忘れ去り、実はそこにある自分を表現することを妨げているすべてのものを捨て去ることによって始まる」

ほとんどの人々は、成長とは何かをつけ加えていくことだと教えられ、信じ込んできました。物欲に始まり、自分なりの思考や物の見方、偏見など、1つずつ捨て、空の器を備えることです。純粋さは大きな宝であり、感動とともに日々生きるようになります。深い味わいを感じながら、生きることが私たちの魂の成長には不可欠です。

人工時間域で染みついた勘違いをツォルキンとともに生きながら、少しずつでも修正しましょう。

結局のところ、マヤ人は後世に「時間の本質」を伝え、「本当の自分」へ帰還し、「本来の役割」に生き、想像もできない至福の喜びへ案内したかったのでしょう。

エピローグ

「ツォルキン」の根底にあるもの

「マヤ暦」という言葉をはじめて耳にしたのは、2004年10月8日のことでした。約11年前のことです。

振り返ってみると、「ツォルキン」に魅せられ、誘導された11年間でした。大事なこと、大事なものが明確になり、心から「本当の自分」を生きようと決めたことで、本格的な人生の変容が始まりました。

今回の執筆中、常に問い続けたのは「創造主がマヤの暦を通じて、人類に伝えたかったメッセージとは何か?」ということでした。この問いの答えに沿うかたちで筆を進めたかったのです。

そこで浮かんできたのが、「シンクロニシティ」を提唱したC・G・ユングについての逸話でした。ユングが晩年に出演したテレビ番組でのことです。

インタビュアーに「あなたは神を信じますか?」と問われ、しばらく沈黙した後、「I know」と答えた話は広く知られています。

ユングは、神そのものを知っていたと言いたかったのではなく、そういった存在を信じざるを得ない現象を数多く経験したというのです。

信じるという「頭での理解」ではなく、「体得」「実感」したという意味ではないでしょうか。

私自身もユングのレベルとは程遠いながら、「ツォルキン」を通じ、神の実在、すべてに愛を中心とした天の配剤があることを数えきれないくらい体験しています。

今回の執筆中、過去に記憶していた大事なことは、そもそもどこからの情報だったのか、妥協せずひとつひとつ調べ直してみました。その中で、月に行ったアポロ飛行士は「月面では疑問に思ったことに対する答えが瞬時に返ってきた」と語っている記述を何年ぶりかで確認しました。

その理由について、「肉体の束縛が軽くなった結果だと思われます」との見解が述べられていました。確かにそれも主たる理由の1つにはちがいありません。

これをマヤの根幹となる「時間思想」で考えれば、グレゴリオ暦（西暦）で満ちた人工時間域の地上から完璧に脱出したことで、そのように瞬時に答えが返ってくるという現象が起こったのではないでしょうか。

この人工時間域にいつしか染まってしまった私たちは、宇宙や自然界とのつながりが希薄になり、本当の意味で宇宙のメッセージや自分自身の魂の声を聴くことができなくなってしまったのです。

マヤの本質はあくまで「時間思想」です。人工時間域（12：60）を超え、自然時間域（13：20）にシフト（移行）しなければ、「本当の自分」を生き、「無限の可能性の扉」が開けません。その領域で過ごすことができれば、ごく自然に誰でも人生の中に「天の配剤」と「深い神の愛」が厳然として存在することを体感するはずです。

またそこには、何の不安も不満もありません。実にシンプルで心地よい領域です。そのためにも「ツォルキン」を学び、自然とともに生きること。人工時間域の典型である「かたち中毒」から脱出することが極めて大事です。

もう1つ確認したいことがあります。「大きな勘違い」についてです。

世界的ベストセラー『神との対話』シリーズを1冊に凝縮したといわれる『神との対話　25のコア・メッセージ』。その冒頭に興味深いやりとりが記されています。

著者のニール・ドナルド・ウォルシュ氏がユングと同様にテレビ番組に出演したときのことです。アメリカでもとくに人気のある全国ネットのモーニングショーの司会者で、世界的に有名なキャスターから質問をぶつけられます。

「さて、あなたは神と直接、話をされたとおっしゃる……神から世界へのメッセージとはなんですか？」続けて「できるだけ、まとめてお話し願えますかね？」「三十秒くらいで」と。

ドキドキしながら聞いていたウォルシュ氏でしたが、頭の中で、神の声が聞こえたといいます。

ウォルシュ氏は、まばたきし、自分でもびっくりする返事をしたと語っています。

「それどころか、一行にまとめられますよ」

これを聞いたキャスターは一瞬ためらいながら、無表情になって話し始めます。

「なるほど。それではみなさん。神と対話した人物の言葉を聞くことにしましょう。一行にまとめられた……神からのメッセージです」

世界中の家庭で何百万人もの人々がこの番組を見ています。大勢の人々に、神の最も大事な言葉を伝える絶好のチャンスです。

ウォルシュ氏はカメラのレンズをまっすぐに見て、先ほど聞いたばかりの言葉を繰り返します。

「あなたがたは、わたしについてまったく勘違いしている」

私たちは神という存在だけでなく、人間の可能性や所持している驚くほどの能力、しいては本当の自分など、人生を歩むうえで重要なテーマの大半を勘違いしているのです。これも人工時間域で生活し、その価値観が細胞ひとつひとつに深く染み込んでいるがゆえでしょう。

「ツォルキン」は人工時間域から自然時間域へと、私たちを案内してくれる最強のツールです。

この出合いは、あなたの今日を変え、世界の明日を変えるものです。

あとがき

「幼児期の子どもは一日に平均３００回笑うらしい。それに対して大人は一日に平均15回」という記述をある本で目にしました。ある意味極端な表現かもしれませんが、的を射ている感は否めません。一体この差は何が原因なのでしょうか。ここにこそ「時間の本質」に関わる大きなテーマが秘められています。

その差の理由で、一番大きな理由は、「いまここ」を生きる子どもと「いまここ」に生きられず、過去未来を考えてしまう大人との差からくるのではないでしょうか。

幼児心理学では、子どもには時間の概念が希薄で、常に「いま」だけを生きているといわれているとのこと。

「いまここ」にスポットライトを浴びせ、「いまここ」を存分に味わう。この生き方や意識が「時間の本質」を生きることではないでしょうか。

この本は「ツォルキン」に秘められた膨大な情報の一端に触れたものです。「13」×

「20」の「13」の概要を個人的見解で解説したにすぎません。次作で「20」に触れることができれば有り難いかぎりです。

ここで読者の方々にお伝えしたいことがあります。「ツォルキン」の最も核心の部分は是非、口伝で学ぶ機会をもっていただきたいということです。そのスタイルをとることにより、より真意が伝わるように思えるからです。

私が代表を務めるシンクロニシティ研究会には、全国に活躍しているアドバイザーがいます。どうか直接接する機会をもっていただきますように。

今回も多くの方々のお陰で出版に至ることができました。出版社、研究会本部スタッフ、理事をはじめとした地域スタッフ、会員の方々に心からの感謝を申し上げます。ありがとうございます。

読者のみなさまが「いまここ」を存分に味わい、心豊かな日々を過ごされますように。

2015年8月吉日

あとがき

西暦とツォルキンの対照表

1910・1962・2014年

	1月	2月	3月	4月	5月	6月	7月	8月	9月	10月	11月	12月
1	63	94	122	153	183	214	244	15	46	76	107	137
2	64	95	123	154	184	215	245	16	47	77	108	138
3	65	96	124	155	185	216	246	17	48	78	109	139
4	66	97	125	156	186	217	247	18	49	79	110	140
5	67	98	126	157	187	218	248	19	50	80	111	141
6	68	99	127	158	188	219	249	20	51	81	112	142
7	69	100	128	159	189	220	250	21	52	82	113	143
8	70	101	129	160	190	221	251	22	53	83	114	144
9	71	102	130	161	191	222	252	23	54	84	115	145
10	72	103	131	162	192	223	253	24	55	85	116	146
11	73	104	132	163	193	224	254	25	56	86	117	147
12	74	105	133	164	194	225	255	26	57	87	118	148
13	75	106	134	165	195	226	256	27	58	88	119	149
14	76	107	135	166	196	227	257	28	59	89	120	150
15	77	108	136	167	197	228	258	29	60	90	121	151
16	78	109	137	168	198	229	259	30	61	91	122	152
17	79	110	138	169	199	230	260	31	62	92	123	153
18	80	111	139	170	200	231	1	32	63	93	124	154
19	81	112	140	171	201	232	2	33	64	94	125	155
20	82	113	141	172	202	233	3	34	65	95	126	156
21	83	114	142	173	203	234	4	35	66	96	127	157
22	84	115	143	174	204	235	5	36	67	97	128	158
23	85	116	144	175	205	236	6	37	68	98	129	159
24	86	117	145	176	206	237	7	38	69	99	130	160
25	87	118	146	177	207	238	8	39	70	100	131	161
26	88	119	147	178	208	239	9	40	71	101	132	162
27	89	120	148	179	209	240	10	41	72	102	133	163
28	90	121	149	180	210	241	11	42	73	103	134	164
29	91		150	181	211	242	12	43	74	104	135	165
30	92		151	182	212	243	13	44	75	105	136	166
31	93		152		213		14	45		106		167

1911・1963・2015年

	1月	2月	3月	4月	5月	6月	7月	8月	9月	10月	11月	12月
1	168	199	227	258	28	59	89	120	151	181	212	242
2	169	200	228	259	29	60	90	121	152	182	213	243
3	170	201	229	260	30	61	91	122	153	183	214	244
4	171	202	230	1	31	62	92	123	154	184	215	245
5	172	203	231	2	32	63	93	124	155	185	216	246
6	173	204	232	3	33	64	94	125	156	186	217	247
7	174	205	233	4	34	65	95	126	157	187	218	248
8	175	206	234	5	35	66	96	127	158	188	219	249
9	176	207	235	6	36	67	97	128	159	189	220	250
10	177	208	236	7	37	68	98	129	160	190	221	251
11	178	209	237	8	38	69	99	130	161	191	222	252
12	179	210	238	9	39	70	100	131	162	192	223	253
13	180	211	239	10	40	71	101	132	163	193	224	254
14	181	212	240	11	41	72	102	133	164	194	225	255
15	182	213	241	12	42	73	103	134	165	195	226	256
16	183	214	242	13	43	74	104	135	166	196	227	257
17	184	215	243	14	44	75	105	136	167	197	228	258
18	185	216	244	15	45	76	106	137	168	198	229	259
19	186	217	245	16	46	77	107	138	169	199	230	260
20	187	218	246	17	47	78	108	139	170	200	231	1
21	188	219	247	18	48	79	109	140	171	201	232	2
22	189	220	248	19	49	80	110	141	172	202	233	3
23	190	221	249	20	50	81	111	142	173	203	234	4
24	191	222	250	21	51	82	112	143	174	204	235	5
25	192	223	251	22	52	83	113	144	175	205	236	6
26	193	224	252	23	53	84	114	145	176	206	237	7
27	194	225	253	24	54	85	115	146	177	207	238	8
28	195	226	254	25	55	86	116	147	178	208	239	9
29	196		255	26	56	87	117	148	179	209	240	10
30	197		256	27	57	88	118	149	180	210	241	11
31	198		257		58		119	150		211		12

西暦とツォルキンの対照表

1912・1964・2016年

	1月	2月	3月	4月	5月	6月	7月	8月	9月	10月	11月	12月
1	13	44	73	103	133	164	194	225	256	26	57	87
2	14	45	74	104	134	165	195	226	257	27	58	88
3	15	46	75	105	135	166	196	227	258	28	59	89
4	16	47	76	106	136	167	197	228	259	29	60	90
5	17	48	77	107	137	168	198	229	260	30	61	91
6	18	49	78	108	138	169	199	230	1	31	62	92
7	19	50	79	109	139	170	200	231	2	32	63	93
8	20	51	80	110	140	171	201	232	3	33	64	94
9	21	52	81	111	141	172	202	233	4	34	65	95
10	22	53	82	112	142	173	203	234	5	35	66	96
11	23	54	83	113	143	174	204	235	6	36	67	97
12	24	55	84	114	144	175	205	236	7	37	68	98
13	25	56	85	115	145	176	206	237	8	38	69	99
14	26	57	86	116	146	177	207	238	9	39	70	100
15	27	58	87	117	147	178	208	239	10	40	71	101
16	28	59	88	118	148	179	209	240	11	41	72	102
17	29	60	89	119	149	180	210	241	12	42	73	103
18	30	61	90	120	150	181	211	242	13	43	74	104
19	31	62	91	121	151	182	212	243	14	44	75	105
20	32	63	92	122	152	183	213	244	15	45	76	106
21	33	64	93	123	153	184	214	245	16	46	77	107
22	34	65	94	124	154	185	215	246	17	47	78	108
23	35	66	95	125	155	186	216	247	18	48	79	109
24	36	67	96	126	156	187	217	248	19	49	80	110
25	37	68	97	127	157	188	218	249	20	50	81	111
26	38	69	98	128	158	189	219	250	21	51	82	112
27	39	70	99	129	159	190	220	251	22	52	83	113
28	40	71	100	130	160	191	221	252	23	53	84	114
29	41	72	101	131	161	192	222	253	24	54	85	115
30	42		102	132	162	193	223	254	25	55	86	116
31	43		103		163		224	255		56		117

1913・1965・2017年

	1月	2月	3月	4月	5月	6月	7月	8月	9月	10月	11月	12月
1	118	149	177	208	238	9	39	70	101	131	162	192
2	119	150	178	209	239	10	40	71	102	132	163	193
3	120	151	179	210	240	11	41	72	103	133	164	194
4	121	152	180	211	241	12	42	73	104	134	165	195
5	122	153	181	212	242	13	43	74	105	135	166	196
6	123	154	182	213	243	14	44	75	106	136	167	197
7	124	155	183	214	244	15	45	76	107	137	168	198
8	125	156	184	215	245	16	46	77	108	138	169	199
9	126	157	185	216	246	17	47	78	109	139	170	200
10	127	158	186	217	247	18	48	79	110	140	171	201
11	128	159	187	218	248	19	49	80	111	141	172	202
12	129	160	188	219	249	20	50	81	112	142	173	203
13	130	161	189	220	250	21	51	82	113	143	174	204
14	131	162	190	221	251	22	52	83	114	144	175	205
15	132	163	191	222	252	23	53	84	115	145	176	206
16	133	164	192	223	253	24	54	85	116	146	177	207
17	134	165	193	224	254	25	55	86	117	147	178	208
18	135	166	194	225	255	26	56	87	118	148	179	209
19	136	167	195	226	256	27	57	88	119	149	180	210
20	137	168	196	227	257	28	58	89	120	150	181	211
21	138	169	197	228	258	29	59	90	121	151	182	212
22	139	170	198	229	259	30	60	91	122	152	183	213
23	140	171	199	230	260	31	61	92	123	153	184	214
24	141	172	200	231	1	32	62	93	124	154	185	215
25	142	173	201	232	2	33	63	94	125	155	186	216
26	143	174	202	233	3	34	64	95	126	156	187	217
27	144	175	203	234	4	35	65	96	127	157	188	218
28	145	176	204	235	5	36	66	97	128	158	189	219
29	146		205	236	6	37	67	98	129	159	190	220
30	147		206	237	7	38	68	99	130	160	191	221
31	148		207		8		69	100		161		222

1914・1966・2018年

	1月	2月	3月	4月	5月	6月	7月	8月	9月	10月	11月	12月
1	223	254	22	53	83	114	144	175	206	236	7	37
2	224	255	23	54	84	115	145	176	207	237	8	38
3	225	256	24	55	85	116	146	177	208	238	9	39
4	226	257	25	56	86	117	147	178	209	239	10	40
5	227	258	26	57	87	118	148	179	210	240	11	41
6	228	259	27	58	88	119	149	180	211	241	12	42
7	229	260	28	59	89	120	150	181	212	242	13	43
8	230	1	29	60	90	121	151	182	213	243	14	44
9	231	2	30	61	91	122	152	183	214	244	15	45
10	232	3	31	62	92	123	153	184	215	245	16	46
11	233	4	32	63	93	124	154	185	216	246	17	47
12	234	5	33	64	94	125	155	186	217	247	18	48
13	235	6	34	65	95	126	156	187	218	248	19	49
14	236	7	35	66	96	127	157	188	219	249	20	50
15	237	8	36	67	97	128	158	189	220	250	21	51
16	238	9	37	68	98	129	159	190	221	251	22	52
17	239	10	38	69	99	130	160	191	222	252	23	53
18	240	11	39	70	100	131	161	192	223	253	24	54
19	241	12	40	71	101	132	162	193	224	254	25	55
20	242	13	41	72	102	133	163	194	225	255	26	56
21	243	14	42	73	103	134	164	195	226	256	27	57
22	244	15	43	74	104	135	165	196	227	257	28	58
23	245	16	44	75	105	136	166	197	228	258	29	59
24	246	17	45	76	106	137	167	198	229	259	30	60
25	247	18	46	77	107	138	168	199	230	260	31	61
26	248	19	47	78	108	139	169	200	231	1	32	62
27	249	20	48	79	109	140	170	201	232	2	33	63
28	250	21	49	80	110	141	171	202	233	3	34	64
29	251		50	81	111	142	172	203	234	4	35	65
30	252		51	82	112	143	173	204	235	5	36	66
31	253		52		113		174	205		6		67

1915・1967・2019年

	1月	2月	3月	4月	5月	6月	7月	8月	9月	10月	11月	12月
1	68	99	127	158	188	219	249	20	51	81	112	142
2	69	100	128	159	189	220	250	21	52	82	113	143
3	70	101	129	160	190	221	251	22	53	83	114	144
4	71	102	130	161	191	222	252	23	54	84	115	145
5	72	103	131	162	192	223	253	24	55	85	116	146
6	73	104	132	163	193	224	254	25	56	86	117	147
7	74	105	133	164	194	225	255	26	57	87	118	148
8	75	106	134	165	195	226	256	27	58	88	119	149
9	76	107	135	166	196	227	257	28	59	89	120	150
10	77	108	136	167	197	228	258	29	60	90	121	151
11	78	109	137	168	198	229	259	30	61	91	122	152
12	79	110	138	169	199	230	260	31	62	92	123	153
13	80	111	139	170	200	231	1	32	63	93	124	154
14	81	112	140	171	201	232	2	33	64	94	125	155
15	82	113	141	172	202	233	3	34	65	95	126	156
16	83	114	142	173	203	234	4	35	66	96	127	157
17	84	115	143	174	204	235	5	36	67	97	128	158
18	85	116	144	175	205	236	6	37	68	98	129	159
19	86	117	145	176	206	237	7	38	69	99	130	160
20	87	118	146	177	207	238	8	39	70	100	131	161
21	88	119	147	178	208	239	9	40	71	101	132	162
22	89	120	148	179	209	240	10	41	72	102	133	163
23	90	121	149	180	210	241	11	42	73	103	134	164
24	91	122	150	181	211	242	12	43	74	104	135	165
25	92	123	151	182	212	243	13	44	75	105	136	166
26	93	124	152	183	213	244	14	45	76	106	137	167
27	94	125	153	184	214	245	15	46	77	107	138	168
28	95	126	154	185	215	246	16	47	78	108	139	169
29	96		155	186	216	247	17	48	79	109	140	170
30	97		156	187	217	248	18	49	80	110	141	171
31	98		157		218		19	50		111		172

西暦とツォルキンの対照表

1916・1968・2020年

	1月	2月	3月	4月	5月	6月	7月	8月	9月	10月	11月	12月
1	173	204	233	3	33	64	94	125	156	186	217	247
2	174	205	234	4	34	65	95	126	157	187	218	248
3	175	206	235	5	35	66	96	127	158	188	219	249
4	176	207	236	6	36	67	97	128	159	189	220	250
5	177	208	237	7	37	68	98	129	160	190	221	251
6	178	209	238	8	38	69	99	130	161	191	222	252
7	179	210	239	9	39	70	100	131	162	192	223	253
8	180	211	240	10	40	71	101	132	163	193	224	254
9	181	212	241	11	41	72	102	133	164	194	225	255
10	182	213	242	12	42	73	103	134	165	195	226	256
11	183	214	243	13	43	74	104	135	166	196	227	257
12	184	215	244	14	44	75	105	136	167	197	228	258
13	185	216	245	15	45	76	106	137	168	198	229	259
14	186	217	246	16	46	77	107	138	169	199	230	260
15	187	218	247	17	47	78	108	139	170	200	231	1
16	188	219	248	18	48	79	109	140	171	201	232	2
17	189	220	249	19	49	80	110	141	172	202	233	3
18	190	221	250	20	50	81	111	142	173	203	234	4
19	191	222	251	21	51	82	112	143	174	204	235	5
20	192	223	252	22	52	83	113	144	175	205	236	6
21	193	224	253	23	53	84	114	145	176	206	237	7
22	194	225	254	24	54	85	115	146	177	207	238	8
23	195	226	255	25	55	86	116	147	178	208	239	9
24	196	227	256	26	56	87	117	148	179	209	240	10
25	197	228	257	27	57	88	118	149	180	210	241	11
26	198	229	258	28	58	89	119	150	181	211	242	12
27	199	230	259	29	59	90	120	151	182	212	243	13
28	200	231	260	30	60	91	121	152	183	213	244	14
29	201	232	1	31	61	92	122	153	184	214	245	15
30	202		2	32	62	93	123	154	185	215	246	16
31	203		3		63		124	155		216		17

1917・1969・2021年

	1月	2月	3月	4月	5月	6月	7月	8月	9月	10月	11月	12月
1	18	49	77	108	138	169	199	230	1	31	62	92
2	19	50	78	109	139	170	200	231	2	32	63	93
3	20	51	79	110	140	171	201	232	3	33	64	94
4	21	52	80	111	141	172	202	233	4	34	65	95
5	22	53	81	112	142	173	203	234	5	35	66	96
6	23	54	82	113	143	174	204	235	6	36	67	97
7	24	55	83	114	144	175	205	236	7	37	68	98
8	25	56	84	115	145	176	206	237	8	38	69	99
9	26	57	85	116	146	177	207	238	9	39	70	100
10	27	58	86	117	147	178	208	239	10	40	71	101
11	28	59	87	118	148	179	209	240	11	41	72	102
12	29	60	88	119	149	180	210	241	12	42	73	103
13	30	61	89	120	150	181	211	242	13	43	74	104
14	31	62	90	121	151	182	212	243	14	44	75	105
15	32	63	91	122	152	183	213	244	15	45	76	106
16	33	64	92	123	153	184	214	245	16	46	77	107
17	34	65	93	124	154	185	215	246	17	47	78	108
18	35	66	94	125	155	186	216	247	18	48	79	109
19	36	67	95	126	156	187	217	248	19	49	80	110
20	37	68	96	127	157	188	218	249	20	50	81	111
21	38	69	97	128	158	189	219	250	21	51	82	112
22	39	70	98	129	159	190	220	251	22	52	83	113
23	40	71	99	130	160	191	221	252	23	53	84	114
24	41	72	100	131	161	192	222	253	24	54	85	115
25	42	73	101	132	162	193	223	254	25	55	86	116
26	43	74	102	133	163	194	224	255	26	56	87	117
27	44	75	103	134	164	195	225	256	27	57	88	118
28	45	76	104	135	165	196	226	257	28	58	89	119
29	46		105	136	166	197	227	258	29	59	90	120
30	47		106	137	167	198	228	259	30	60	91	121
31	48		107		168		229	260		61		122

1918・1970・2022年

	1月	2月	3月	4月	5月	6月	7月	8月	9月	10月	11月	12月
1	123	154	182	213	243	14	44	75	106	136	167	197
2	124	155	183	214	244	15	45	76	107	137	168	198
3	125	156	184	215	245	16	46	77	108	138	169	199
4	126	157	185	216	246	17	47	78	109	139	170	200
5	127	158	186	217	247	18	48	79	110	140	171	201
6	128	159	187	218	248	19	49	80	111	141	172	202
7	129	160	188	219	249	20	50	81	112	142	173	203
8	130	161	189	220	250	21	51	82	113	143	174	204
9	131	162	190	221	251	22	52	83	114	144	175	205
10	132	163	191	222	252	23	53	84	115	145	176	206
11	133	164	192	223	253	24	54	85	116	146	177	207
12	134	165	193	224	254	25	55	86	117	147	178	208
13	135	166	194	225	255	26	56	87	118	148	179	209
14	136	167	195	226	256	27	57	88	119	149	180	210
15	137	168	196	227	257	28	58	89	120	150	181	211
16	138	169	197	228	258	29	59	90	121	151	182	212
17	139	170	198	229	259	30	60	91	122	152	183	213
18	140	171	199	230	260	31	61	92	123	153	184	214
19	141	172	200	231	1	32	62	93	124	154	185	215
20	142	173	201	232	2	33	63	94	125	155	186	216
21	143	174	202	233	3	34	64	95	126	156	187	217
22	144	175	203	234	4	35	65	96	127	157	188	218
23	145	176	204	235	5	36	66	97	128	158	189	219
24	146	177	205	236	6	37	67	98	129	159	190	220
25	147	178	206	237	7	38	68	99	130	160	191	221
26	148	179	207	238	8	39	69	100	131	161	192	222
27	149	180	208	239	9	40	70	101	132	162	193	223
28	150	181	209	240	10	41	71	102	133	163	194	224
29	151		210	241	11	42	72	103	134	164	195	225
30	152		211	242	12	43	73	104	135	165	196	226
31	153		212		13		74	105		166		227

1919・1971・2023年

	1月	2月	3月	4月	5月	6月	7月	8月	9月	10月	11月	12月
1	228	259	27	58	88	119	149	180	211	241	12	42
2	229	260	28	59	89	120	150	181	212	242	13	43
3	230	1	29	60	90	121	151	182	213	243	14	44
4	231	2	30	61	91	122	152	183	214	244	15	45
5	232	3	31	62	92	123	153	184	215	245	16	46
6	233	4	32	63	93	124	154	185	216	246	17	47
7	234	5	33	64	94	125	155	186	217	247	18	48
8	235	6	34	65	95	126	156	187	218	248	19	49
9	236	7	35	66	96	127	157	188	219	249	20	50
10	237	8	36	67	97	128	158	189	220	250	21	51
11	238	9	37	68	98	129	159	190	221	251	22	52
12	239	10	38	69	99	130	160	191	222	252	23	53
13	240	11	39	70	100	131	161	192	223	253	24	54
14	241	12	40	71	101	132	162	193	224	254	25	55
15	242	13	41	72	102	133	163	194	225	255	26	56
16	243	14	42	73	103	134	164	195	226	256	27	57
17	244	15	43	74	104	135	165	196	227	257	28	58
18	245	16	44	75	105	136	166	197	228	258	29	59
19	246	17	45	76	106	137	167	198	229	259	30	60
20	247	18	46	77	107	138	168	199	230	260	31	61
21	248	19	47	78	108	139	169	200	231	1	32	62
22	249	20	48	79	109	140	170	201	232	2	33	63
23	250	21	49	80	110	141	171	202	233	3	34	64
24	251	22	50	81	111	142	172	203	234	4	35	65
25	252	23	51	82	112	143	173	204	235	5	36	66
26	253	24	52	83	113	144	174	205	236	6	37	67
27	254	25	53	84	114	145	175	206	237	7	38	68
28	255	26	54	85	115	146	176	207	238	8	39	69
29	256		55	86	116	147	177	208	239	9	40	70
30	257		56	87	117	148	178	209	240	10	41	71
31	258		57		118		179	210		11		72

西暦とツォルキンの対照表

1920・1972・2024年

	1月	2月	3月	4月	5月	6月	7月	8月	9月	10月	11月	12月
1	73	104	133	163	193	224	254	25	56	86	117	147
2	74	105	134	164	194	225	255	26	57	87	118	148
3	75	106	135	165	195	226	256	27	58	88	119	149
4	76	107	136	166	196	227	257	28	59	89	120	150
5	77	108	137	167	197	228	258	29	60	90	121	151
6	78	109	138	168	198	229	259	30	61	91	122	152
7	79	110	139	169	199	230	260	31	62	92	123	153
8	80	111	140	170	200	231	1	32	63	93	124	154
9	81	112	141	171	201	232	2	33	64	94	125	155
10	82	113	142	172	202	233	3	34	65	95	126	156
11	83	114	143	173	203	234	4	35	66	96	127	157
12	84	115	144	174	204	235	5	36	67	97	128	158
13	85	116	145	175	205	236	6	37	68	98	129	159
14	86	117	146	176	206	237	7	38	69	99	130	160
15	87	118	147	177	207	238	8	39	70	100	131	161
16	88	119	148	178	208	239	9	40	71	101	132	162
17	89	120	149	179	209	240	10	41	72	102	133	163
18	90	121	150	180	210	241	11	42	73	103	134	164
19	91	122	151	181	211	242	12	43	74	104	135	165
20	92	123	152	182	212	243	13	44	75	105	136	166
21	93	124	153	183	213	244	14	45	76	106	137	167
22	94	125	154	184	214	245	15	46	77	107	138	168
23	95	126	155	185	215	246	16	47	78	108	139	169
24	96	127	156	186	216	247	17	48	79	109	140	170
25	97	128	157	187	217	248	18	49	80	110	141	171
26	98	129	158	188	218	249	19	50	81	111	142	172
27	99	130	159	189	219	250	20	51	82	112	143	173
28	100	131	160	190	220	251	21	52	83	113	144	174
29	101	132	161	191	221	252	22	53	84	114	145	175
30	102		162	192	222	253	23	54	85	115	146	176
31	103		163		223		24	55		116		177

1921・1973・2025年

	1月	2月	3月	4月	5月	6月	7月	8月	9月	10月	11月	12月
1	178	209	237	8	38	69	99	130	161	191	222	252
2	179	210	238	9	39	70	100	131	162	192	223	253
3	180	211	239	10	40	71	101	132	163	193	224	254
4	181	212	240	11	41	72	102	133	164	194	225	255
5	182	213	241	12	42	73	103	134	165	195	226	256
6	183	214	242	13	43	74	104	135	166	196	227	257
7	184	215	243	14	44	75	105	136	167	197	228	258
8	185	216	244	15	45	76	106	137	168	198	229	259
9	186	217	245	16	46	77	107	138	169	199	230	260
10	187	218	246	17	47	78	108	139	170	200	231	1
11	188	219	247	18	48	79	109	140	171	201	232	2
12	189	220	248	19	49	80	110	141	172	202	233	3
13	190	221	249	20	50	81	111	142	173	203	234	4
14	191	222	250	21	51	82	112	143	174	204	235	5
15	192	223	251	22	52	83	113	144	175	205	236	6
16	193	224	252	23	53	84	114	145	176	206	237	7
17	194	225	253	24	54	85	115	146	177	207	238	8
18	195	226	254	25	55	86	116	147	178	208	239	9
19	196	227	255	26	56	87	117	148	179	209	240	10
20	197	228	256	27	57	88	118	149	180	210	241	11
21	198	229	257	28	58	89	119	150	181	211	242	12
22	199	230	258	29	59	90	120	151	182	212	243	13
23	200	231	259	30	60	91	121	152	183	213	244	14
24	201	232	260	31	61	92	122	153	184	214	245	15
25	202	233	1	32	62	93	123	154	185	215	246	16
26	203	234	2	33	63	94	124	155	186	216	247	17
27	204	235	3	34	64	95	125	156	187	217	248	18
28	205	236	4	35	65	96	126	157	188	218	249	19
29	206		5	36	66	97	127	158	189	219	250	20
30	207		6	37	67	98	128	159	190	220	251	21
31	208		7		68		129	160		221		22

1922・1974・2026年

	1月	2月	3月	4月	5月	6月	7月	8月	9月	10月	11月	12月
1	23	54	82	113	143	174	204	235	6	36	67	97
2	24	55	83	114	144	175	205	236	7	37	68	98
3	25	56	84	115	145	176	206	237	8	38	69	99
4	26	57	85	116	146	177	207	238	9	39	70	100
5	27	58	86	117	147	178	208	239	10	40	71	101
6	28	59	87	118	148	179	209	240	11	41	72	102
7	29	60	88	119	149	180	210	241	12	42	73	103
8	30	61	89	120	150	181	211	242	13	43	74	104
9	31	62	90	121	151	182	212	243	14	44	75	105
10	32	63	91	122	152	183	213	244	15	45	76	106
11	33	64	92	123	153	184	214	245	16	46	77	107
12	34	65	93	124	154	185	215	246	17	47	78	108
13	35	66	94	125	155	186	216	247	18	48	79	109
14	36	67	95	126	156	187	217	248	19	49	80	110
15	37	68	96	127	157	188	218	249	20	50	81	111
16	38	69	97	128	158	189	219	250	21	51	82	112
17	39	70	98	129	159	190	220	251	22	52	83	113
18	40	71	99	130	160	191	221	252	23	53	84	114
19	41	72	100	131	161	192	222	253	24	54	85	115
20	42	73	101	132	162	193	223	254	25	55	86	116
21	43	74	102	133	163	194	224	255	26	56	87	117
22	44	75	103	134	164	195	225	256	27	57	88	118
23	45	76	104	135	165	196	226	257	28	58	89	119
24	46	77	105	136	166	197	227	258	29	59	90	120
25	47	78	106	137	167	198	228	259	30	60	91	121
26	48	79	107	138	168	199	229	260	31	61	92	122
27	49	80	108	139	169	200	230	1	32	62	93	123
28	50	81	109	140	170	201	231	2	33	63	94	124
29	51		110	141	171	202	232	3	34	64	95	125
30	52		111	142	172	203	233	4	35	65	96	126
31	53		112		173		234	5		66		127

1923・1975・2027年

	1月	2月	3月	4月	5月	6月	7月	8月	9月	10月	11月	12月
1	128	159	187	218	248	19	49	80	111	141	172	202
2	129	160	188	219	249	20	50	81	112	142	173	203
3	130	161	189	220	250	21	51	82	113	143	174	204
4	131	162	190	221	251	22	52	83	114	144	175	205
5	132	163	191	222	252	23	53	84	115	145	176	206
6	133	164	192	223	253	24	54	85	116	146	177	207
7	134	165	193	224	254	25	55	86	117	147	178	208
8	135	166	194	225	255	26	56	87	118	148	179	209
9	136	167	195	226	256	27	57	88	119	149	180	210
10	137	168	196	227	257	28	58	89	120	150	181	211
11	138	169	197	228	258	29	59	90	121	151	182	212
12	139	170	198	229	259	30	60	91	122	152	183	213
13	140	171	199	230	260	31	61	92	123	153	184	214
14	141	172	200	231	1	32	62	93	124	154	185	215
15	142	173	201	232	2	33	63	94	125	155	186	216
16	143	174	202	233	3	34	64	95	126	156	187	217
17	144	175	203	234	4	35	65	96	127	157	188	218
18	145	176	204	235	5	36	66	97	128	158	189	219
19	146	177	205	236	6	37	67	98	129	159	190	220
20	147	178	206	237	7	38	68	99	130	160	191	221
21	148	179	207	238	8	39	69	100	131	161	192	222
22	149	180	208	239	9	40	70	101	132	162	193	223
23	150	181	209	240	10	41	71	102	133	163	194	224
24	151	182	210	241	11	42	72	103	134	164	195	225
25	152	183	211	242	12	43	73	104	135	165	196	226
26	153	184	212	243	13	44	74	105	136	166	197	227
27	154	185	213	244	14	45	75	106	137	167	198	228
28	155	186	214	245	15	46	76	107	138	168	199	229
29	156		215	246	16	47	77	108	139	169	200	230
30	157		216	247	17	48	78	109	140	170	201	231
31	158		217		18		79	110		171		232

西暦とツォルキンの対照表

1924・1976・2028年

	1月	2月	3月	4月	5月	6月	7月	8月	9月	10月	11月	12月
1	233	4	33	63	93	124	154	185	216	246	17	47
2	234	5	34	64	94	125	155	186	217	247	18	48
3	235	6	35	65	95	126	156	187	218	248	19	49
4	236	7	36	66	96	127	157	188	219	249	20	50
5	237	8	37	67	97	128	158	189	220	250	21	51
6	238	9	38	68	98	129	159	190	221	251	22	52
7	239	10	39	69	99	130	160	191	222	252	23	53
8	240	11	40	70	100	131	161	192	223	253	24	54
9	241	12	41	71	101	132	162	193	224	254	25	55
10	242	13	42	72	102	133	163	194	225	255	26	56
11	243	14	43	73	103	134	164	195	226	256	27	57
12	244	15	44	74	104	135	165	196	227	257	28	58
13	245	16	45	75	105	136	166	197	228	258	29	59
14	246	17	46	76	106	137	167	198	229	259	30	60
15	247	18	47	77	107	138	168	199	230	260	31	61
16	248	19	48	78	108	139	169	200	231	1	32	62
17	249	20	49	79	109	140	170	201	232	2	33	63
18	250	21	50	80	110	141	171	202	233	3	34	64
19	251	22	51	81	111	142	172	203	234	4	35	65
20	252	23	52	82	112	143	173	204	235	5	36	66
21	253	24	53	83	113	144	174	205	236	6	37	67
22	254	25	54	84	114	145	175	206	237	7	38	68
23	255	26	55	85	115	146	176	207	238	8	39	69
24	256	27	56	86	116	147	177	208	239	9	40	70
25	257	28	57	87	117	148	178	209	240	10	41	71
26	258	29	58	88	118	149	179	210	241	11	42	72
27	259	30	59	89	119	150	180	211	242	12	43	73
28	260	31	60	90	120	151	181	212	243	13	44	74
29	1	32	61	91	121	152	182	213	244	14	45	75
30	2		62	92	122	153	183	214	245	15	46	76
31	3		63		123		184	215		16		77

1925・1977・2029年

	1月	2月	3月	4月	5月	6月	7月	8月	9月	10月	11月	12月
1	78	109	137	168	198	229	259	30	61	91	122	152
2	79	110	138	169	199	230	260	31	62	92	123	153
3	80	111	139	170	200	231	1	32	63	93	124	154
4	81	112	140	171	201	232	2	33	64	94	125	155
5	82	113	141	172	202	233	3	34	65	95	126	156
6	83	114	142	173	203	234	4	35	66	96	127	157
7	84	115	143	174	204	235	5	36	67	97	128	158
8	85	116	144	175	205	236	6	37	68	98	129	159
9	86	117	145	176	206	237	7	38	69	99	130	160
10	87	118	146	177	207	238	8	39	70	100	131	161
11	88	119	147	178	208	239	9	40	71	101	132	162
12	89	120	148	179	209	240	10	41	72	102	133	163
13	90	121	149	180	210	241	11	42	73	103	134	164
14	91	122	150	181	211	242	12	43	74	104	135	165
15	92	123	151	182	212	243	13	44	75	105	136	166
16	93	124	152	183	213	244	14	45	76	106	137	167
17	94	125	153	184	214	245	15	46	77	107	138	168
18	95	126	154	185	215	246	16	47	78	108	139	169
19	96	127	155	186	216	247	17	48	79	109	140	170
20	97	128	156	187	217	248	18	49	80	110	141	171
21	98	129	157	188	218	249	19	50	81	111	142	172
22	99	130	158	189	219	250	20	51	82	112	143	173
23	100	131	159	190	220	251	21	52	83	113	144	174
24	101	132	160	191	221	252	22	53	84	114	145	175
25	102	133	161	192	222	253	23	54	85	115	146	176
26	103	134	162	193	223	254	24	55	86	116	147	177
27	104	135	163	194	224	255	25	56	87	117	148	178
28	105	136	164	195	225	256	26	57	88	118	149	179
29	106		165	196	226	257	27	58	89	119	150	180
30	107		166	197	227	258	28	59	90	120	151	181
31	108		167		228		29	60		121		182

1926・1978・2030年

	1月	2月	3月	4月	5月	6月	7月	8月	9月	10月	11月	12月
1	183	214	242	13	43	74	104	135	166	196	227	257
2	184	215	243	14	44	75	105	136	167	197	228	258
3	185	216	244	15	45	76	106	137	168	198	229	259
4	186	217	245	16	46	77	107	138	169	199	230	260
5	187	218	246	17	47	78	108	139	170	200	231	1
6	188	219	247	18	48	79	109	140	171	201	232	2
7	189	220	248	19	49	80	110	141	172	202	233	3
8	190	221	249	20	50	81	111	142	173	203	234	4
9	191	222	250	21	51	82	112	143	174	204	235	5
10	192	223	251	22	52	83	113	144	175	205	236	6
11	193	224	252	23	53	84	114	145	176	206	237	7
12	194	225	253	24	54	85	115	146	177	207	238	8
13	195	226	254	25	55	86	116	147	178	208	239	9
14	196	227	255	26	56	87	117	148	179	209	240	10
15	197	228	256	27	57	88	118	149	180	210	241	11
16	198	229	257	28	58	89	119	150	181	211	242	12
17	199	230	258	29	59	90	120	151	182	212	243	13
18	200	231	259	30	60	91	121	152	183	213	244	14
19	201	232	260	31	61	92	122	153	184	214	245	15
20	202	233	1	32	62	93	123	154	185	215	246	16
21	203	234	2	33	63	94	124	155	186	216	247	17
22	204	235	3	34	64	95	125	156	187	217	248	18
23	205	236	4	35	65	96	126	157	188	218	249	19
24	206	237	5	36	66	97	127	158	189	219	250	20
25	207	238	6	37	67	98	128	159	190	220	251	21
26	208	239	7	38	68	99	129	160	191	221	252	22
27	209	240	8	39	69	100	130	161	192	222	253	23
28	210	241	9	40	70	101	131	162	193	223	254	24
29	211		10	41	71	102	132	163	194	224	255	25
30	212		11	42	72	103	133	164	195	225	256	26
31	213		12		73		134	165		226		27

1927・1979・2031年

	1月	2月	3月	4月	5月	6月	7月	8月	9月	10月	11月	12月
1	28	59	87	118	148	179	209	240	11	41	72	102
2	29	60	88	119	149	180	210	241	12	42	73	103
3	30	61	89	120	150	181	211	242	13	43	74	104
4	31	62	90	121	151	182	212	243	14	44	75	105
5	32	63	91	122	152	183	213	244	15	45	76	106
6	33	64	92	123	153	184	214	245	16	46	77	107
7	34	65	93	124	154	185	215	246	17	47	78	108
8	35	66	94	125	155	186	216	247	18	48	79	109
9	36	67	95	126	156	187	217	248	19	49	80	110
10	37	68	96	127	157	188	218	249	20	50	81	111
11	38	69	97	128	158	189	219	250	21	51	82	112
12	39	70	98	129	159	190	220	251	22	52	83	113
13	40	71	99	130	160	191	221	252	23	53	84	114
14	41	72	100	131	161	192	222	253	24	54	85	115
15	42	73	101	132	162	193	223	254	25	55	86	116
16	43	74	102	133	163	194	224	255	26	56	87	117
17	44	75	103	134	164	195	225	256	27	57	88	118
18	45	76	104	135	165	196	226	257	28	58	89	119
19	46	77	105	136	166	197	227	258	29	59	90	120
20	47	78	106	137	167	198	228	259	30	60	91	121
21	48	79	107	138	168	199	229	260	31	61	92	122
22	49	80	108	139	169	200	230	1	32	62	93	123
23	50	81	109	140	170	201	231	2	33	63	94	124
24	51	82	110	141	171	202	232	3	34	64	95	125
25	52	83	111	142	172	203	233	4	35	65	96	126
26	53	84	112	143	173	204	234	5	36	66	97	127
27	54	85	113	144	174	205	235	6	37	67	98	128
28	55	86	114	145	175	206	236	7	38	68	99	129
29	56		115	146	176	207	237	8	39	69	100	130
30	57		116	147	177	208	238	9	40	70	101	131
31	58		117		178		239	10		71		132

西暦とツォルキンの対照表

1928・1980・2032年

	1月	2月	3月	4月	5月	6月	7月	8月	9月	10月	11月	12月
1	133	164	193	223	253	24	54	85	116	146	177	207
2	134	165	194	224	254	25	55	86	117	147	178	208
3	135	166	195	225	255	26	56	87	118	148	179	209
4	136	167	196	226	256	27	57	88	119	149	180	210
5	137	168	197	227	257	28	58	89	120	150	181	211
6	138	169	198	228	258	29	59	90	121	151	182	212
7	139	170	199	229	259	30	60	91	122	152	183	213
8	140	171	200	230	260	31	61	92	123	153	184	214
9	141	172	201	231	1	32	62	93	124	154	185	215
10	142	173	202	232	2	33	63	94	125	155	186	216
11	143	174	203	233	3	34	64	95	126	156	187	217
12	144	175	204	234	4	35	65	96	127	157	188	218
13	145	176	205	235	5	36	66	97	128	158	189	219
14	146	177	206	236	6	37	67	98	129	159	190	220
15	147	178	207	237	7	38	68	99	130	160	191	221
16	148	179	208	238	8	39	69	100	131	161	192	222
17	149	180	209	239	9	40	70	101	132	162	193	223
18	150	181	210	240	10	41	71	102	133	163	194	224
19	151	182	211	241	11	42	72	103	134	164	195	225
20	152	183	212	242	12	43	73	104	135	165	196	226
21	153	184	213	243	13	44	74	105	136	166	197	227
22	154	185	214	244	14	45	75	106	137	167	198	228
23	155	186	215	245	15	46	76	107	138	168	199	229
24	156	187	216	246	16	47	77	108	139	169	200	230
25	157	188	217	247	17	48	78	109	140	170	201	231
26	158	189	218	248	18	49	79	110	141	171	202	232
27	159	190	219	249	19	50	80	111	142	172	203	233
28	160	191	220	250	20	51	81	112	143	173	204	234
29	161	192	221	251	21	52	82	113	144	174	205	235
30	162		222	252	22	53	83	114	145	175	206	236
31	163		223		23		84	115		176		237

1929・1981・2033年

	1月	2月	3月	4月	5月	6月	7月	8月	9月	10月	11月	12月
1	238	9	37	68	98	129	159	190	221	251	22	52
2	239	10	38	69	99	130	160	191	222	252	23	53
3	240	11	39	70	100	131	161	192	223	253	24	54
4	241	12	40	71	101	132	162	193	224	254	25	55
5	242	13	41	72	102	133	163	194	225	255	26	56
6	243	14	42	73	103	134	164	195	226	256	27	57
7	244	15	43	74	104	135	165	196	227	257	28	58
8	245	16	44	75	105	136	166	197	228	258	29	59
9	246	17	45	76	106	137	167	198	229	259	30	60
10	247	18	46	77	107	138	168	199	230	260	31	61
11	248	19	47	78	108	139	169	200	231	1	32	62
12	249	20	48	79	109	140	170	201	232	2	33	63
13	250	21	49	80	110	141	171	202	233	3	34	64
14	251	22	50	81	111	142	172	203	234	4	35	65
15	252	23	51	82	112	143	173	204	235	5	36	66
16	253	24	52	83	113	144	174	205	236	6	37	67
17	254	25	53	84	114	145	175	206	237	7	38	68
18	255	26	54	85	115	146	176	207	238	8	39	69
19	256	27	55	86	116	147	177	208	239	9	40	70
20	257	28	56	87	117	148	178	209	240	10	41	71
21	258	29	57	88	118	149	179	210	241	11	42	72
22	259	30	58	89	119	150	180	211	242	12	43	73
23	260	31	59	90	120	151	181	212	243	13	44	74
24	1	32	60	91	121	152	182	213	244	14	45	75
25	2	33	61	92	122	153	183	214	245	15	46	76
26	3	34	62	93	123	154	184	215	246	16	47	77
27	4	35	63	94	124	155	185	216	247	17	48	78
28	5	36	64	95	125	156	186	217	248	18	49	79
29	6		65	96	126	157	187	218	249	19	50	80
30	7		66	97	127	158	188	219	250	20	51	81
31	8		67		128		189	220		21		82

1930・1982・2034年

	1月	2月	3月	4月	5月	6月	7月	8月	9月	10月	11月	12月
1	83	114	142	173	203	234	4	35	66	96	127	157
2	84	115	143	174	204	235	5	36	67	97	128	158
3	85	116	144	175	205	236	6	37	68	98	129	159
4	86	117	145	176	206	237	7	38	69	99	130	160
5	87	118	146	177	207	238	8	39	70	100	131	161
6	88	119	147	178	208	239	9	40	71	101	132	162
7	89	120	148	179	209	240	10	41	72	102	133	163
8	90	121	149	180	210	241	11	42	73	103	134	164
9	91	122	150	181	211	242	12	43	74	104	135	165
10	92	123	151	182	212	243	13	44	75	105	136	166
11	93	124	152	183	213	244	14	45	76	106	137	167
12	94	125	153	184	214	245	15	46	77	107	138	168
13	95	126	154	185	215	246	16	47	78	108	139	169
14	96	127	155	186	216	247	17	48	79	109	140	170
15	97	128	156	187	217	248	18	49	80	110	141	171
16	98	129	157	188	218	249	19	50	81	111	142	172
17	99	130	158	189	219	250	20	51	82	112	143	173
18	100	131	159	190	220	251	21	52	83	113	144	174
19	101	132	160	191	221	252	22	53	84	114	145	175
20	102	133	161	192	222	253	23	54	85	115	146	176
21	103	134	162	193	223	254	24	55	86	116	147	177
22	104	135	163	194	224	255	25	56	87	117	148	178
23	105	136	164	195	225	256	26	57	88	118	149	179
24	106	137	165	196	226	257	27	58	89	119	150	180
25	107	138	166	197	227	258	28	59	90	120	151	181
26	108	139	167	198	228	259	29	60	91	121	152	182
27	109	140	168	199	229	260	30	61	92	122	153	183
28	110	141	169	200	230	1	31	62	93	123	154	184
29	111		170	201	231	2	32	63	94	124	155	185
30	112		171	202	232	3	33	64	95	125	156	186
31	113		172		233		34	65		126		187

1931・1983・2035年

	1月	2月	3月	4月	5月	6月	7月	8月	9月	10月	11月	12月
1	188	219	247	18	48	79	109	140	171	201	232	2
2	189	220	248	19	49	80	110	141	172	202	233	3
3	190	221	249	20	50	81	111	142	173	203	234	4
4	191	222	250	21	51	82	112	143	174	204	235	5
5	192	223	251	22	52	83	113	144	175	205	236	6
6	193	224	252	23	53	84	114	145	176	206	237	7
7	194	225	253	24	54	85	115	146	177	207	238	8
8	195	226	254	25	55	86	116	147	178	208	239	9
9	196	227	255	26	56	87	117	148	179	209	240	10
10	197	228	256	27	57	88	118	149	180	210	241	11
11	198	229	257	28	58	89	119	150	181	211	242	12
12	199	230	258	29	59	90	120	151	182	212	243	13
13	200	231	259	30	60	91	121	152	183	213	244	14
14	201	232	260	31	61	92	122	153	184	214	245	15
15	202	233	1	32	62	93	123	154	185	215	246	16
16	203	234	2	33	63	94	124	155	186	216	247	17
17	204	235	3	34	64	95	125	156	187	217	248	18
18	205	236	4	35	65	96	126	157	188	218	249	19
19	206	237	5	36	66	97	127	158	189	219	250	20
20	207	238	6	37	67	98	128	159	190	220	251	21
21	208	239	7	38	68	99	129	160	191	221	252	22
22	209	240	8	39	69	100	130	161	192	222	253	23
23	210	241	9	40	70	101	131	162	193	223	254	24
24	211	242	10	41	71	102	132	163	194	224	255	25
25	212	243	11	42	72	103	133	164	195	225	256	26
26	213	244	12	43	73	104	134	165	196	226	257	27
27	214	245	13	44	74	105	135	166	197	227	258	28
28	215	246	14	45	75	106	136	167	198	228	259	29
29	216		15	46	76	107	137	168	199	229	260	30
30	217		16	47	77	108	138	169	200	230	1	31
31	218		17		78		139	170		231		32

1932・1984・2036年

	1月	2月	3月	4月	5月	6月	7月	8月	9月	10月	11月	12月
1	33	64	93	123	153	184	214	245	16	46	77	107
2	34	65	94	124	154	185	215	246	17	47	78	108
3	35	66	95	125	155	186	216	247	18	48	79	109
4	36	67	96	126	156	187	217	248	19	49	80	110
5	37	68	97	127	157	188	218	249	20	50	81	111
6	38	69	98	128	158	189	219	250	21	51	82	112
7	39	70	99	129	159	190	220	251	22	52	83	113
8	40	71	100	130	160	191	221	252	23	53	84	114
9	41	72	101	131	161	192	222	253	24	54	85	115
10	42	73	102	132	162	193	223	254	25	55	86	116
11	43	74	103	133	163	194	224	255	26	56	87	117
12	44	75	104	134	164	195	225	256	27	57	88	118
13	45	76	105	135	165	196	226	257	28	58	89	119
14	46	77	106	136	166	197	227	258	29	59	90	120
15	47	78	107	137	167	198	228	259	30	60	91	121
16	48	79	108	138	168	199	229	260	31	61	92	122
17	49	80	109	139	169	200	230	1	32	62	93	123
18	50	81	110	140	170	201	231	2	33	63	94	124
19	51	82	111	141	171	202	232	3	34	64	95	125
20	52	83	112	142	172	203	233	4	35	65	96	126
21	53	84	113	143	173	204	234	5	36	66	97	127
22	54	85	114	144	174	205	235	6	37	67	98	128
23	55	86	115	145	175	206	236	7	38	68	99	129
24	56	87	116	146	176	207	237	8	39	69	100	130
25	57	88	117	147	177	208	238	9	40	70	101	131
26	58	89	118	148	178	209	239	10	41	71	102	132
27	59	90	119	149	179	210	240	11	42	72	103	133
28	60	91	120	150	180	211	241	12	43	73	104	134
29	61	92	121	151	181	212	242	13	44	74	105	135
30	62		122	152	182	213	243	14	45	75	106	136
31	63		123		183		244	15		76		137

1933・1985・2037年

	1月	2月	3月	4月	5月	6月	7月	8月	9月	10月	11月	12月
1	138	169	197	228	258	29	59	90	121	151	182	212
2	139	170	198	229	259	30	60	91	122	152	183	213
3	140	171	199	230	260	31	61	92	123	153	184	214
4	141	172	200	231	1	32	62	93	124	154	185	215
5	142	173	201	232	2	33	63	94	125	155	186	216
6	143	174	202	233	3	34	64	95	126	156	187	217
7	144	175	203	234	4	35	65	96	127	157	188	218
8	145	176	204	235	5	36	66	97	128	158	189	219
9	146	177	205	236	6	37	67	98	129	159	190	220
10	147	178	206	237	7	38	68	99	130	160	191	221
11	148	179	207	238	8	39	69	100	131	161	192	222
12	149	180	208	239	9	40	70	101	132	162	193	223
13	150	181	209	240	10	41	71	102	133	163	194	224
14	151	182	210	241	11	42	72	103	134	164	195	225
15	152	183	211	242	12	43	73	104	135	165	196	226
16	153	184	212	243	13	44	74	105	136	166	197	227
17	154	185	213	244	14	45	75	106	137	167	198	228
18	155	186	214	245	15	46	76	107	138	168	199	229
19	156	187	215	246	16	47	77	108	139	169	200	230
20	157	188	216	247	17	48	78	109	140	170	201	231
21	158	189	217	248	18	49	79	110	141	171	202	232
22	159	190	218	249	19	50	80	111	142	172	203	233
23	160	191	219	250	20	51	81	112	143	173	204	234
24	161	192	220	251	21	52	82	113	144	174	205	235
25	162	193	221	252	22	53	83	114	145	175	206	236
26	163	194	222	253	23	54	84	115	146	176	207	237
27	164	195	223	254	24	55	85	116	147	177	208	238
28	165	196	224	255	25	56	86	117	148	178	209	239
29	166		225	256	26	57	87	118	149	179	210	240
30	167		226	257	27	58	88	119	150	180	211	241
31	168		227		28		89	120		181		242

1934・1986・2038年

	1月	2月	3月	4月	5月	6月	7月	8月	9月	10月	11月	12月
1	243	14	42	73	103	134	164	195	226	256	27	57
2	244	15	43	74	104	135	165	196	227	257	28	58
3	245	16	44	75	105	136	166	197	228	258	29	59
4	246	17	45	76	106	137	167	198	229	259	30	60
5	247	18	46	77	107	138	168	199	230	260	31	61
6	248	19	47	78	108	139	169	200	231	1	32	62
7	249	20	48	79	109	140	170	201	232	2	33	63
8	250	21	49	80	110	141	171	202	233	3	34	64
9	251	22	50	81	111	142	172	203	234	4	35	65
10	252	23	51	82	112	143	173	204	235	5	36	66
11	253	24	52	83	113	144	174	205	236	6	37	67
12	254	25	53	84	114	145	175	206	237	7	38	68
13	255	26	54	85	115	146	176	207	238	8	39	69
14	256	27	55	86	116	147	177	208	239	9	40	70
15	257	28	56	87	117	148	178	209	240	10	41	71
16	258	29	57	88	118	149	179	210	241	11	42	72
17	259	30	58	89	119	150	180	211	242	12	43	73
18	260	31	59	90	120	151	181	212	243	13	44	74
19	1	32	60	91	121	152	182	213	244	14	45	75
20	2	33	61	92	122	153	183	214	245	15	46	76
21	3	34	62	93	123	154	184	215	246	16	47	77
22	4	35	63	94	124	155	185	216	247	17	48	78
23	5	36	64	95	125	156	186	217	248	18	49	79
24	6	37	65	96	126	157	187	218	249	19	50	80
25	7	38	66	97	127	158	188	219	250	20	51	81
26	8	39	67	98	128	159	189	220	251	21	52	82
27	9	40	68	99	129	160	190	221	252	22	53	83
28	10	41	69	100	130	161	191	222	253	23	54	84
29	11		70	101	131	162	192	223	254	24	55	85
30	12		71	102	132	163	193	224	255	25	56	86
31	13		72		133		194	225		26		87

1935・1987・2039年

	1月	2月	3月	4月	5月	6月	7月	8月	9月	10月	11月	12月
1	88	119	147	178	208	239	9	40	71	101	132	162
2	89	120	148	179	209	240	10	41	72	102	133	163
3	90	121	149	180	210	241	11	42	73	103	134	164
4	91	122	150	181	211	242	12	43	74	104	135	165
5	92	123	151	182	212	243	13	44	75	105	136	166
6	93	124	152	183	213	244	14	45	76	106	137	167
7	94	125	153	184	214	245	15	46	77	107	138	168
8	95	126	154	185	215	246	16	47	78	108	139	169
9	96	127	155	186	216	247	17	48	79	109	140	170
10	97	128	156	187	217	248	18	49	80	110	141	171
11	98	129	157	188	218	249	19	50	81	111	142	172
12	99	130	158	189	219	250	20	51	82	112	143	173
13	100	131	159	190	220	251	21	52	83	113	144	174
14	101	132	160	191	221	252	22	53	84	114	145	175
15	102	133	161	192	222	253	23	54	85	115	146	176
16	103	134	162	193	223	254	24	55	86	116	147	177
17	104	135	163	194	224	255	25	56	87	117	148	178
18	105	136	164	195	225	256	26	57	88	118	149	179
19	106	137	165	196	226	257	27	58	89	119	150	180
20	107	138	166	197	227	258	28	59	90	120	151	181
21	108	139	167	198	228	259	29	60	91	121	152	182
22	109	140	168	199	229	260	30	61	92	122	153	183
23	110	141	169	200	230	1	31	62	93	123	154	184
24	111	142	170	201	231	2	32	63	94	124	155	185
25	112	143	171	202	232	3	33	64	95	125	156	186
26	113	144	172	203	233	4	34	65	96	126	157	187
27	114	145	173	204	234	5	35	66	97	127	158	188
28	115	146	174	205	235	6	36	67	98	128	159	189
29	116		175	206	236	7	37	68	99	129	160	190
30	117		176	207	237	8	38	69	100	130	161	191
31	118		177		238		39	70		131		192

西暦とツォルキンの対照表

1936・1988・2040年

	1月	2月	3月	4月	5月	6月	7月	8月	9月	10月	11月	12月
1	193	224	253	23	53	84	114	145	176	206	237	7
2	194	225	254	24	54	85	115	146	177	207	238	8
3	195	226	255	25	55	86	116	147	178	208	239	9
4	196	227	256	26	56	87	117	148	179	209	240	10
5	197	228	257	27	57	88	118	149	180	210	241	11
6	198	229	258	28	58	89	119	150	181	211	242	12
7	199	230	259	29	59	90	120	151	182	212	243	13
8	200	231	260	30	60	91	121	152	183	213	244	14
9	201	232	1	31	61	92	122	153	184	214	245	15
10	202	233	2	32	62	93	123	154	185	215	246	16
11	203	234	3	33	63	94	124	155	186	216	247	17
12	204	235	4	34	64	95	125	156	187	217	248	18
13	205	236	5	35	65	96	126	157	188	218	249	19
14	206	237	6	36	66	97	127	158	189	219	250	20
15	207	238	7	37	67	98	128	159	190	220	251	21
16	208	239	8	38	68	99	129	160	191	221	252	22
17	209	240	9	39	69	100	130	161	192	222	253	23
18	210	241	10	40	70	101	131	162	193	223	254	24
19	211	242	11	41	71	102	132	163	194	224	255	25
20	212	243	12	42	72	103	133	164	195	225	256	26
21	213	244	13	43	73	104	134	165	196	226	257	27
22	214	245	14	44	74	105	135	166	197	227	258	28
23	215	246	15	45	75	106	136	167	198	228	259	29
24	216	247	16	46	76	107	137	168	199	229	260	30
25	217	248	17	47	77	108	138	169	200	230	1	31
26	218	249	18	48	78	109	139	170	201	231	2	32
27	219	250	19	49	79	110	140	171	202	232	3	33
28	220	251	20	50	80	111	141	172	203	233	4	34
29	221	252	21	51	81	112	142	173	204	234	5	35
30	222		22	52	82	113	143	174	205	235	6	36
31	223		23		83		144	175		236		37

1937・1989・2041年

	1月	2月	3月	4月	5月	6月	7月	8月	9月	10月	11月	12月
1	38	69	97	128	158	189	219	250	21	51	82	112
2	39	70	98	129	159	190	220	251	22	52	83	113
3	40	71	99	130	160	191	221	252	23	53	84	114
4	41	72	100	131	161	192	222	253	24	54	85	115
5	42	73	101	132	162	193	223	254	25	55	86	116
6	43	74	102	133	163	194	224	255	26	56	87	117
7	44	75	103	134	164	195	225	256	27	57	88	118
8	45	76	104	135	165	196	226	257	28	58	89	119
9	46	77	105	136	166	197	227	258	29	59	90	120
10	47	78	106	137	167	198	228	259	30	60	91	121
11	48	79	107	138	168	199	229	260	31	61	92	122
12	49	80	108	139	169	200	230	1	32	62	93	123
13	50	81	109	140	170	201	231	2	33	63	94	124
14	51	82	110	141	171	202	232	3	34	64	95	125
15	52	83	111	142	172	203	233	4	35	65	96	126
16	53	84	112	143	173	204	234	5	36	66	97	127
17	54	85	113	144	174	205	235	6	37	67	98	128
18	55	86	114	145	175	206	236	7	38	68	99	129
19	56	87	115	146	176	207	237	8	39	69	100	130
20	57	88	116	147	177	208	238	9	40	70	101	131
21	58	89	117	148	178	209	239	10	41	71	102	132
22	59	90	118	149	179	210	240	11	42	72	103	133
23	60	91	119	150	180	211	241	12	43	73	104	134
24	61	92	120	151	181	212	242	13	44	74	105	135
25	62	93	121	152	182	213	243	14	45	75	106	136
26	63	94	122	153	183	214	244	15	46	76	107	137
27	64	95	123	154	184	215	245	16	47	77	108	138
28	65	96	124	155	185	216	246	17	48	78	109	139
29	66		125	156	186	217	247	18	49	79	110	140
30	67		126	157	187	218	248	19	50	80	111	141
31	68		127		188		249	20		81		142

1938・1990・2042年

	1月	2月	3月	4月	5月	6月	7月	8月	9月	10月	11月	12月
1	143	174	202	233	3	34	64	95	126	156	187	217
2	144	175	203	234	4	35	65	96	127	157	188	218
3	145	176	204	235	5	36	66	97	128	158	189	219
4	146	177	205	236	6	37	67	98	129	159	190	220
5	147	178	206	237	7	38	68	99	130	160	191	221
6	148	179	207	238	8	39	69	100	131	161	192	222
7	149	180	208	239	9	40	70	101	132	162	193	223
8	150	181	209	240	10	41	71	102	133	163	194	224
9	151	182	210	241	11	42	72	103	134	164	195	225
10	152	183	211	242	12	43	73	104	135	165	196	226
11	153	184	212	243	13	44	74	105	136	166	197	227
12	154	185	213	244	14	45	75	106	137	167	198	228
13	155	186	214	245	15	46	76	107	138	168	199	229
14	156	187	215	246	16	47	77	108	139	169	200	230
15	157	188	216	247	17	48	78	109	140	170	201	231
16	158	189	217	248	18	49	79	110	141	171	202	232
17	159	190	218	249	19	50	80	111	142	172	203	233
18	160	191	219	250	20	51	81	112	143	173	204	234
19	161	192	220	251	21	52	82	113	144	174	205	235
20	162	193	221	252	22	53	83	114	145	175	206	236
21	163	194	222	253	23	54	84	115	146	176	207	237
22	164	195	223	254	24	55	85	116	147	177	208	238
23	165	196	224	255	25	56	86	117	148	178	209	239
24	166	197	225	256	26	57	87	118	149	179	210	240
25	167	198	226	257	27	58	88	119	150	180	211	241
26	168	199	227	258	28	59	89	120	151	181	212	242
27	169	200	228	259	29	60	90	121	152	182	213	243
28	170	201	229	260	30	61	91	122	153	183	214	244
29	171		230	1	31	62	92	123	154	184	215	245
30	172		231	2	32	63	93	124	155	185	216	246
31	173		232		33		94	125		186		247

1939・1991・2043年

	1月	2月	3月	4月	5月	6月	7月	8月	9月	10月	11月	12月
1	248	19	47	78	108	139	169	200	231	1	32	62
2	249	20	48	79	109	140	170	201	232	2	33	63
3	250	21	49	80	110	141	171	202	233	3	34	64
4	251	22	50	81	111	142	172	203	234	4	35	65
5	252	23	51	82	112	143	173	204	235	5	36	66
6	253	24	52	83	113	144	174	205	236	6	37	67
7	254	25	53	84	114	145	175	206	237	7	38	68
8	255	26	54	85	115	146	176	207	238	8	39	69
9	256	27	55	86	116	147	177	208	239	9	40	70
10	257	28	56	87	117	148	178	209	240	10	41	71
11	258	29	57	88	118	149	179	210	241	11	42	72
12	259	30	58	89	119	150	180	211	242	12	43	73
13	260	31	59	90	120	151	181	212	243	13	44	74
14	1	32	60	91	121	152	182	213	244	14	45	75
15	2	33	61	92	122	153	183	214	245	15	46	76
16	3	34	62	93	123	154	184	215	246	16	47	77
17	4	35	63	94	124	155	185	216	247	17	48	78
18	5	36	64	95	125	156	186	217	248	18	49	79
19	6	37	65	96	126	157	187	218	249	19	50	80
20	7	38	66	97	127	158	188	219	250	20	51	81
21	8	39	67	98	128	159	189	220	251	21	52	82
22	9	40	68	99	129	160	190	221	252	22	53	83
23	10	41	69	100	130	161	191	222	253	23	54	84
24	11	42	70	101	131	162	192	223	254	24	55	85
25	12	43	71	102	132	163	193	224	255	25	56	86
26	13	44	72	103	133	164	194	225	256	26	57	87
27	14	45	73	104	134	165	195	226	257	27	58	88
28	15	46	74	105	135	166	196	227	258	28	59	89
29	16		75	106	136	167	197	228	259	29	60	90
30	17		76	107	137	168	198	229	260	30	61	91
31	18		77		138		199	230		31		92

西暦とツォルキンの対照表

1940・1992・2044年

	1月	2月	3月	4月	5月	6月	7月	8月	9月	10月	11月	12月
1	93	124	153	183	213	244	14	45	76	106	137	167
2	94	125	154	184	214	245	15	46	77	107	138	168
3	95	126	155	185	215	246	16	47	78	108	139	169
4	96	127	156	186	216	247	17	48	79	109	140	170
5	97	128	157	187	217	248	18	49	80	110	141	171
6	98	129	158	188	218	249	19	50	81	111	142	172
7	99	130	159	189	219	250	20	51	82	112	143	173
8	100	131	160	190	220	251	21	52	83	113	144	174
9	101	132	161	191	221	252	22	53	84	114	145	175
10	102	133	162	192	222	253	23	54	85	115	146	176
11	103	134	163	193	223	254	24	55	86	116	147	177
12	104	135	164	194	224	255	25	56	87	117	148	178
13	105	136	165	195	225	256	26	57	88	118	149	179
14	106	137	166	196	226	257	27	58	89	119	150	180
15	107	138	167	197	227	258	28	59	90	120	151	181
16	108	139	168	198	228	259	29	60	91	121	152	182
17	109	140	169	199	229	260	30	61	92	122	153	183
18	110	141	170	200	230	1	31	62	93	123	154	184
19	111	142	171	201	231	2	32	63	94	124	155	185
20	112	143	172	202	232	3	33	64	95	125	156	186
21	113	144	173	203	233	4	34	65	96	126	157	187
22	114	145	174	204	234	5	35	66	97	127	158	188
23	115	146	175	205	235	6	36	67	98	128	159	189
24	116	147	176	206	236	7	37	68	99	129	160	190
25	117	148	177	207	237	8	38	69	100	130	161	191
26	118	149	178	208	238	9	39	70	101	131	162	192
27	119	150	179	209	239	10	40	71	102	132	163	193
28	120	151	180	210	240	11	41	72	103	133	164	194
29	121	152	181	211	241	12	42	73	104	134	165	195
30	122		182	212	242	13	43	74	105	135	166	196
31	123		183		243		44	75		136		197

1941・1993・2045年

	1月	2月	3月	4月	5月	6月	7月	8月	9月	10月	11月	12月
1	198	229	257	28	58	89	119	150	181	211	242	12
2	199	230	258	29	59	90	120	151	182	212	243	13
3	200	231	259	30	60	91	121	152	183	213	244	14
4	201	232	260	31	61	92	122	153	184	214	245	15
5	202	233	1	32	62	93	123	154	185	215	246	16
6	203	234	2	33	63	94	124	155	186	216	247	17
7	204	235	3	34	64	95	125	156	187	217	248	18
8	205	236	4	35	65	96	126	157	188	218	249	19
9	206	237	5	36	66	97	127	158	189	219	250	20
10	207	238	6	37	67	98	128	159	190	220	251	21
11	208	239	7	38	68	99	129	160	191	221	252	22
12	209	240	8	39	69	100	130	161	192	222	253	23
13	210	241	9	40	70	101	131	162	193	223	254	24
14	211	242	10	41	71	102	132	163	194	224	255	25
15	212	243	11	42	72	103	133	164	195	225	256	26
16	213	244	12	43	73	104	134	165	196	226	257	27
17	214	245	13	44	74	105	135	166	197	227	258	28
18	215	246	14	45	75	106	136	167	198	228	259	29
19	216	247	15	46	76	107	137	168	199	229	260	30
20	217	248	16	47	77	108	138	169	200	230	1	31
21	218	249	17	48	78	109	139	170	201	231	2	32
22	219	250	18	49	79	110	140	171	202	232	3	33
23	220	251	19	50	80	111	141	172	203	233	4	34
24	221	252	20	51	81	112	142	173	204	234	5	35
25	222	253	21	52	82	113	143	174	205	235	6	36
26	223	254	22	53	83	114	144	175	206	236	7	37
27	224	255	23	54	84	115	145	176	207	237	8	38
28	225	256	24	55	85	116	146	177	208	238	9	39
29	226		25	56	86	117	147	178	209	239	10	40
30	227		26	57	87	118	148	179	210	240	11	41
31	228		27		88		149	180		241		42

1942・1994・2046年

	1月	2月	3月	4月	5月	6月	7月	8月	9月	10月	11月	12月
1	43	74	102	133	163	194	224	255	26	56	87	117
2	44	75	103	134	164	195	225	256	27	57	88	118
3	45	76	104	135	165	196	226	257	28	58	89	119
4	46	77	105	136	166	197	227	258	29	59	90	120
5	47	78	106	137	167	198	228	259	30	60	91	121
6	48	79	107	138	168	199	229	260	31	61	92	122
7	49	80	108	139	169	200	230	1	32	62	93	123
8	50	81	109	140	170	201	231	2	33	63	94	124
9	51	82	110	141	171	202	232	3	34	64	95	125
10	52	83	111	142	172	203	233	4	35	65	96	126
11	53	84	112	143	173	204	234	5	36	66	97	127
12	54	85	113	144	174	205	235	6	37	67	98	128
13	55	86	114	145	175	206	236	7	38	68	99	129
14	56	87	115	146	176	207	237	8	39	69	100	130
15	57	88	116	147	177	208	238	9	40	70	101	131
16	58	89	117	148	178	209	239	10	41	71	102	132
17	59	90	118	149	179	210	240	11	42	72	103	133
18	60	91	119	150	180	211	241	12	43	73	104	134
19	61	92	120	151	181	212	242	13	44	74	105	135
20	62	93	121	152	182	213	243	14	45	75	106	136
21	63	94	122	153	183	214	244	15	46	76	107	137
22	64	95	123	154	184	215	245	16	47	77	108	138
23	65	96	124	155	185	216	246	17	48	78	109	139
24	66	97	125	156	186	217	247	18	49	79	110	140
25	67	98	126	157	187	218	248	19	50	80	111	141
26	68	99	127	158	188	219	249	20	51	81	112	142
27	69	100	128	159	189	220	250	21	52	82	113	143
28	70	101	129	160	190	221	251	22	53	83	114	144
29	71		130	161	191	222	252	23	54	84	115	145
30	72		131	162	192	223	253	24	55	85	116	146
31	73		132		193		254	25		86		147

1943・1995・2047年

	1月	2月	3月	4月	5月	6月	7月	8月	9月	10月	11月	12月
1	148	179	207	238	8	39	69	100	131	161	192	222
2	149	180	208	239	9	40	70	101	132	162	193	223
3	150	181	209	240	10	41	71	102	133	163	194	224
4	151	182	210	241	11	42	72	103	134	164	195	225
5	152	183	211	242	12	43	73	104	135	165	196	226
6	153	184	212	243	13	44	74	105	136	166	197	227
7	154	185	213	244	14	45	75	106	137	167	198	228
8	155	186	214	245	15	46	76	107	138	168	199	229
9	156	187	215	246	16	47	77	108	139	169	200	230
10	157	188	216	247	17	48	78	109	140	170	201	231
11	158	189	217	248	18	49	79	110	141	171	202	232
12	159	190	218	249	19	50	80	111	142	172	203	233
13	160	191	219	250	20	51	81	112	143	173	204	234
14	161	192	220	251	21	52	82	113	144	174	205	235
15	162	193	221	252	22	53	83	114	145	175	206	236
16	163	194	222	253	23	54	84	115	146	176	207	237
17	164	195	223	254	24	55	85	116	147	177	208	238
18	165	196	224	255	25	56	86	117	148	178	209	239
19	166	197	225	256	26	57	87	118	149	179	210	240
20	167	198	226	257	27	58	88	119	150	180	211	241
21	168	199	227	258	28	59	89	120	151	181	212	242
22	169	200	228	259	29	60	90	121	152	182	213	243
23	170	201	229	260	30	61	91	122	153	183	214	244
24	171	202	230	1	31	62	92	123	154	184	215	245
25	172	203	231	2	32	63	93	124	155	185	216	246
26	173	204	232	3	33	64	94	125	156	186	217	247
27	174	205	233	4	34	65	95	126	157	187	218	248
28	175	206	234	5	35	66	96	127	158	188	219	249
29	176		235	6	36	67	97	128	159	189	220	250
30	177		236	7	37	68	98	129	160	190	221	251
31	178		237		38		99	130		191		252

西暦とツォルキンの対照表

1944・1996・2048年

	1月	2月	3月	4月	5月	6月	7月	8月	9月	10月	11月	12月
1	253	24	53	83	113	144	174	205	236	6	37	67
2	254	25	54	84	114	145	175	206	237	7	38	68
3	255	26	55	85	115	146	176	207	238	8	39	69
4	256	27	56	86	116	147	177	208	239	9	40	70
5	257	28	57	87	117	148	178	209	240	10	41	71
6	258	29	58	88	118	149	179	210	241	11	42	72
7	259	30	59	89	119	150	180	211	242	12	43	73
8	260	31	60	90	120	151	181	212	243	13	44	74
9	1	32	61	91	121	152	182	213	244	14	45	75
10	2	33	62	92	122	153	183	214	245	15	46	76
11	3	34	63	93	123	154	184	215	246	16	47	77
12	4	35	64	94	124	155	185	216	247	17	48	78
13	5	36	65	95	125	156	186	217	248	18	49	79
14	6	37	66	96	126	157	187	218	249	19	50	80
15	7	38	67	97	127	158	188	219	250	20	51	81
16	8	39	68	98	128	159	189	220	251	21	52	82
17	9	40	69	99	129	160	190	221	252	22	53	83
18	10	41	70	100	130	161	191	222	253	23	54	84
19	11	42	71	101	131	162	192	223	254	24	55	85
20	12	43	72	102	132	163	193	224	255	25	56	86
21	13	44	73	103	133	164	194	225	256	26	57	87
22	14	45	74	104	134	165	195	226	257	27	58	88
23	15	46	75	105	135	166	196	227	258	28	59	89
24	16	47	76	106	136	167	197	228	259	29	60	90
25	17	48	77	107	137	168	198	229	260	30	61	91
26	18	49	78	108	138	169	199	230	1	31	62	92
27	19	50	79	109	139	170	200	231	2	32	63	93
28	20	51	80	110	140	171	201	232	3	33	64	94
29	21	52	81	111	141	172	202	233	4	34	65	95
30	22		82	112	142	173	203	234	5	35	66	96
31	23		83		143		204	235		36		97

1945・1997・2049年

	1月	2月	3月	4月	5月	6月	7月	8月	9月	10月	11月	12月
1	98	129	157	188	218	249	19	50	81	111	142	172
2	99	130	158	189	219	250	20	51	82	112	143	173
3	100	131	159	190	220	251	21	52	83	113	144	174
4	101	132	160	191	221	252	22	53	84	114	145	175
5	102	133	161	192	222	253	23	54	85	115	146	176
6	103	134	162	193	223	254	24	55	86	116	147	177
7	104	135	163	194	224	255	25	56	87	117	148	178
8	105	136	164	195	225	256	26	57	88	118	149	179
9	106	137	165	196	226	257	27	58	89	119	150	180
10	107	138	166	197	227	258	28	59	90	120	151	181
11	108	139	167	198	228	259	29	60	91	121	152	182
12	109	140	168	199	229	260	30	61	92	122	153	183
13	110	141	169	200	230	1	31	62	93	123	154	184
14	111	142	170	201	231	2	32	63	94	124	155	185
15	112	143	171	202	232	3	33	64	95	125	156	186
16	113	144	172	203	233	4	34	65	96	126	157	187
17	114	145	173	204	234	5	35	66	97	127	158	188
18	115	146	174	205	235	6	36	67	98	128	159	189
19	116	147	175	206	236	7	37	68	99	129	160	190
20	117	148	176	207	237	8	38	69	100	130	161	191
21	118	149	177	208	238	9	39	70	101	131	162	192
22	119	150	178	209	239	10	40	71	102	132	163	193
23	120	151	179	210	240	11	41	72	103	133	164	194
24	121	152	180	211	241	12	42	73	104	134	165	195
25	122	153	181	212	242	13	43	74	105	135	166	196
26	123	154	182	213	243	14	44	75	106	136	167	197
27	124	155	183	214	244	15	45	76	107	137	168	198
28	125	156	184	215	245	16	46	77	108	138	169	199
29	126		185	216	246	17	47	78	109	139	170	200
30	127		186	217	247	18	48	79	110	140	171	201
31	128		187		248		49	80		141		202

1946・1998・2050年

	1月	2月	3月	4月	5月	6月	7月	8月	9月	10月	11月	12月
1	203	234	2	33	63	94	124	155	186	216	247	17
2	204	235	3	34	64	95	125	156	187	217	248	18
3	205	236	4	35	65	96	126	157	188	218	249	19
4	206	237	5	36	66	97	127	158	189	219	250	20
5	207	238	6	37	67	98	128	159	190	220	251	21
6	208	239	7	38	68	99	129	160	191	221	252	22
7	209	240	8	39	69	100	130	161	192	222	253	23
8	210	241	9	40	70	101	131	162	193	223	254	24
9	211	242	10	41	71	102	132	163	194	224	255	25
10	212	243	11	42	72	103	133	164	195	225	256	26
11	213	244	12	43	73	104	134	165	196	226	257	27
12	214	245	13	44	74	105	135	166	197	227	258	28
13	215	246	14	45	75	106	136	167	198	228	259	29
14	216	247	15	46	76	107	137	168	199	229	260	30
15	217	248	16	47	77	108	138	169	200	230	1	31
16	218	249	17	48	78	109	139	170	201	231	2	32
17	219	250	18	49	79	110	140	171	202	232	3	33
18	220	251	19	50	80	111	141	172	203	233	4	34
19	221	252	20	51	81	112	142	173	204	234	5	35
20	222	253	21	52	82	113	143	174	205	235	6	36
21	223	254	22	53	83	114	144	175	206	236	7	37
22	224	255	23	54	84	115	145	176	207	237	8	38
23	225	256	24	55	85	116	146	177	208	238	9	39
24	226	257	25	56	86	117	147	178	209	239	10	40
25	227	258	26	57	87	118	148	179	210	240	11	41
26	228	259	27	58	88	119	149	180	211	241	12	42
27	229	260	28	59	89	120	150	181	212	242	13	43
28	230	1	29	60	90	121	151	182	213	243	14	44
29	231		30	61	91	122	152	183	214	244	15	45
30	232		31	62	92	123	153	184	215	245	16	46
31	233		32		93		154	185		246		47

1947・1999・2051年

	1月	2月	3月	4月	5月	6月	7月	8月	9月	10月	11月	12月
1	48	79	107	138	168	199	229	260	31	61	92	122
2	49	80	108	139	169	200	230	1	32	62	93	123
3	50	81	109	140	170	201	231	2	33	63	94	124
4	51	82	110	141	171	202	232	3	34	64	95	125
5	52	83	111	142	172	203	233	4	35	65	96	126
6	53	84	112	143	173	204	234	5	36	66	97	127
7	54	85	113	144	174	205	235	6	37	67	98	128
8	55	86	114	145	175	206	236	7	38	68	99	129
9	56	87	115	146	176	207	237	8	39	69	100	130
10	57	88	116	147	177	208	238	9	40	70	101	131
11	58	89	117	148	178	209	239	10	41	71	102	132
12	59	90	118	149	179	210	240	11	42	72	103	133
13	60	91	119	150	180	211	241	12	43	73	104	134
14	61	92	120	151	181	212	242	13	44	74	105	135
15	62	93	121	152	182	213	243	14	45	75	106	136
16	63	94	122	153	183	214	244	15	46	76	107	137
17	64	95	123	154	184	215	245	16	47	77	108	138
18	65	96	124	155	185	216	246	17	48	78	109	139
19	66	97	125	156	186	217	247	18	49	79	110	140
20	67	98	126	157	187	218	248	19	50	80	111	141
21	68	99	127	158	188	219	249	20	51	81	112	142
22	69	100	128	159	189	220	250	21	52	82	113	143
23	70	101	129	160	190	221	251	22	53	83	114	144
24	71	102	130	161	191	222	252	23	54	84	115	145
25	72	103	131	162	192	223	253	24	55	85	116	146
26	73	104	132	163	193	224	254	25	56	86	117	147
27	74	105	133	164	194	225	255	26	57	87	118	148
28	75	106	134	165	195	226	256	27	58	88	119	149
29	76		135	166	196	227	257	28	59	89	120	150
30	77		136	167	197	228	258	29	60	90	121	151
31	78		137		198		259	30		91		152

西暦とツォルキンの対照表

1948・2000・2052年

	1月	2月	3月	4月	5月	6月	7月	8月	9月	10月	11月	12月
1	153	184	213	243	13	44	74	105	136	166	197	227
2	154	185	214	244	14	45	75	106	137	167	198	228
3	155	186	215	245	15	46	76	107	138	168	199	229
4	156	187	216	246	16	47	77	108	139	169	200	230
5	157	188	217	247	17	48	78	109	140	170	201	231
6	158	189	218	248	18	49	79	110	141	171	202	232
7	159	190	219	249	19	50	80	111	142	172	203	233
8	160	191	220	250	20	51	81	112	143	173	204	234
9	161	192	221	251	21	52	82	113	144	174	205	235
10	162	193	222	252	22	53	83	114	145	175	206	236
11	163	194	223	253	23	54	84	115	146	176	207	237
12	164	195	224	254	24	55	85	116	147	177	208	238
13	165	196	225	255	25	56	86	117	148	178	209	239
14	166	197	226	256	26	57	87	118	149	179	210	240
15	167	198	227	257	27	58	88	119	150	180	211	241
16	168	199	228	258	28	59	89	120	151	181	212	242
17	169	200	229	259	29	60	90	121	152	182	213	243
18	170	201	230	260	30	61	91	122	153	183	214	244
19	171	202	231	1	31	62	92	123	154	184	215	245
20	172	203	232	2	32	63	93	124	155	185	216	246
21	173	204	233	3	33	64	94	125	156	186	217	247
22	174	205	234	4	34	65	95	126	157	187	218	248
23	175	206	235	5	35	66	96	127	158	188	219	249
24	176	207	236	6	36	67	97	128	159	189	220	250
25	177	208	237	7	37	68	98	129	160	190	221	251
26	178	209	238	8	38	69	99	130	161	191	222	252
27	179	210	239	9	39	70	100	131	162	192	223	253
28	180	211	240	10	40	71	101	132	163	193	224	254
29	181	212	241	11	41	72	102	133	164	194	225	255
30	182		242	12	42	73	103	134	165	195	226	256
31	183		243		43		104	135		196		257

1949・2001・2053年

	1月	2月	3月	4月	5月	6月	7月	8月	9月	10月	11月	12月
1	258	29	57	88	118	149	179	210	241	11	42	72
2	259	30	58	89	119	150	180	211	242	12	43	73
3	260	31	59	90	120	151	181	212	243	13	44	74
4	1	32	60	91	121	152	182	213	244	14	45	75
5	2	33	61	92	122	153	183	214	245	15	46	76
6	3	34	62	93	123	154	184	215	246	16	47	77
7	4	35	63	94	124	155	185	216	247	17	48	78
8	5	36	64	95	125	156	186	217	248	18	49	79
9	6	37	65	96	126	157	187	218	249	19	50	80
10	7	38	66	97	127	158	188	219	250	20	51	81
11	8	39	67	98	128	159	189	220	251	21	52	82
12	9	40	68	99	129	160	190	221	252	22	53	83
13	10	41	69	100	130	161	191	222	253	23	54	84
14	11	42	70	101	131	162	192	223	254	24	55	85
15	12	43	71	102	132	163	193	224	255	25	56	86
16	13	44	72	103	133	164	194	225	256	26	57	87
17	14	45	73	104	134	165	195	226	257	27	58	88
18	15	46	74	105	135	166	196	227	258	28	59	89
19	16	47	75	106	136	167	197	228	259	29	60	90
20	17	48	76	107	137	168	198	229	260	30	61	91
21	18	49	77	108	138	169	199	230	1	31	62	92
22	19	50	78	109	139	170	200	231	2	32	63	93
23	20	51	79	110	140	171	201	232	3	33	64	94
24	21	52	80	111	141	172	202	233	4	34	65	95
25	22	53	81	112	142	173	203	234	5	35	66	96
26	23	54	82	113	143	174	204	235	6	36	67	97
27	24	55	83	114	144	175	205	236	7	37	68	98
28	25	56	84	115	145	176	206	237	8	38	69	99
29	26		85	116	146	177	207	238	9	39	70	100
30	27		86	117	147	178	208	239	10	40	71	101
31	28		87		148		209	240		41		102

1950・2002・2054年

	1月	2月	3月	4月	5月	6月	7月	8月	9月	10月	11月	12月
1	103	134	162	193	223	254	24	55	86	116	147	177
2	104	135	163	194	224	255	25	56	87	117	148	178
3	105	136	164	195	225	256	26	57	88	118	149	179
4	106	137	165	196	226	257	27	58	89	119	150	180
5	107	138	166	197	227	258	28	59	90	120	151	181
6	108	139	167	198	228	259	29	60	91	121	152	182
7	109	140	168	199	229	260	30	61	92	122	153	183
8	110	141	169	200	230	1	31	62	93	123	154	184
9	111	142	170	201	231	2	32	63	94	124	155	185
10	112	143	171	202	232	3	33	64	95	125	156	186
11	113	144	172	203	233	4	34	65	96	126	157	187
12	114	145	173	204	234	5	35	66	97	127	158	188
13	115	146	174	205	235	6	36	67	98	128	159	189
14	116	147	175	206	236	7	37	68	99	129	160	190
15	117	148	176	207	237	8	38	69	100	130	161	191
16	118	149	177	208	238	9	39	70	101	131	162	192
17	119	150	178	209	239	10	40	71	102	132	163	193
18	120	151	179	210	240	11	41	72	103	133	164	194
19	121	152	180	211	241	12	42	73	104	134	165	195
20	122	153	181	212	242	13	43	74	105	135	166	196
21	123	154	182	213	243	14	44	75	106	136	167	197
22	124	155	183	214	244	15	45	76	107	137	168	198
23	125	156	184	215	245	16	46	77	108	138	169	199
24	126	157	185	216	246	17	47	78	109	139	170	200
25	127	158	186	217	247	18	48	79	110	140	171	201
26	128	159	187	218	248	19	49	80	111	141	172	202
27	129	160	188	219	249	20	50	81	112	142	173	203
28	130	161	189	220	250	21	51	82	113	143	174	204
29	131		190	221	251	22	52	83	114	144	175	205
30	132		191	222	252	23	53	84	115	145	176	206
31	133		192		253		54	85		146		207

1951・2003・2055年

	1月	2月	3月	4月	5月	6月	7月	8月	9月	10月	11月	12月
1	208	239	7	38	68	99	129	160	191	221	252	22
2	209	240	8	39	69	100	130	161	192	222	253	23
3	210	241	9	40	70	101	131	162	193	223	254	24
4	211	242	10	41	71	102	132	163	194	224	255	25
5	212	243	11	42	72	103	133	164	195	225	256	26
6	213	244	12	43	73	104	134	165	196	226	257	27
7	214	245	13	44	74	105	135	166	197	227	258	28
8	215	246	14	45	75	106	136	167	198	228	259	29
9	216	247	15	46	76	107	137	168	199	229	260	30
10	217	248	16	47	77	108	138	169	200	230	1	31
11	218	249	17	48	78	109	139	170	201	231	2	32
12	219	250	18	49	79	110	140	171	202	232	3	33
13	220	251	19	50	80	111	141	172	203	233	4	34
14	221	252	20	51	81	112	142	173	204	234	5	35
15	222	253	21	52	82	113	143	174	205	235	6	36
16	223	254	22	53	83	114	144	175	206	236	7	37
17	224	255	23	54	84	115	145	176	207	237	8	38
18	225	256	24	55	85	116	146	177	208	238	9	39
19	226	257	25	56	86	117	147	178	209	239	10	40
20	227	258	26	57	87	118	148	179	210	240	11	41
21	228	259	27	58	88	119	149	180	211	241	12	42
22	229	260	28	59	89	120	150	181	212	242	13	43
23	230	1	29	60	90	121	151	182	213	243	14	44
24	231	2	30	61	91	122	152	183	214	244	15	45
25	232	3	31	62	92	123	153	184	215	245	16	46
26	233	4	32	63	93	124	154	185	216	246	17	47
27	234	5	33	64	94	125	155	186	217	247	18	48
28	235	6	34	65	95	126	156	187	218	248	19	49
29	236		35	66	96	127	157	188	219	249	20	50
30	237		36	67	97	128	158	189	220	250	21	51
31	238		37		98		159	190		251		52

西暦とツォルキンの対照表

1952・2004・2056年

	1月	2月	3月	4月	5月	6月	7月	8月	9月	10月	11月	12月
1	53	84	113	143	173	204	234	5	36	66	97	127
2	54	85	114	144	174	205	235	6	37	67	98	128
3	55	86	115	145	175	206	236	7	38	68	99	129
4	56	87	116	146	176	207	237	8	39	69	100	130
5	57	88	117	147	177	208	238	9	40	70	101	131
6	58	89	118	148	178	209	239	10	41	71	102	132
7	59	90	119	149	179	210	240	11	42	72	103	133
8	60	91	120	150	180	211	241	12	43	73	104	134
9	61	92	121	151	181	212	242	13	44	74	105	135
10	62	93	122	152	182	213	243	14	45	75	106	136
11	63	94	123	153	183	214	244	15	46	76	107	137
12	64	95	124	154	184	215	245	16	47	77	108	138
13	65	96	125	155	185	216	246	17	48	78	109	139
14	66	97	126	156	186	217	247	18	49	79	110	140
15	67	98	127	157	187	218	248	19	50	80	111	141
16	68	99	128	158	188	219	249	20	51	81	112	142
17	69	100	129	159	189	220	250	21	52	82	113	143
18	70	101	130	160	190	221	251	22	53	83	114	144
19	71	102	131	161	191	222	252	23	54	84	115	145
20	72	103	132	162	192	223	253	24	55	85	116	146
21	73	104	133	163	193	224	254	25	56	86	117	147
22	74	105	134	164	194	225	255	26	57	87	118	148
23	75	106	135	165	195	226	256	27	58	88	119	149
24	76	107	136	166	196	227	257	28	59	89	120	150
25	77	108	137	167	197	228	258	29	60	90	121	151
26	78	109	138	168	198	229	259	30	61	91	122	152
27	79	110	139	169	199	230	260	31	62	92	123	153
28	80	111	140	170	200	231	1	32	63	93	124	154
29	81	112	141	171	201	232	2	33	64	94	125	155
30	82		142	172	202	233	3	34	65	95	126	156
31	83		143		203		4	35		96		157

1953・2005・2057年

	1月	2月	3月	4月	5月	6月	7月	8月	9月	10月	11月	12月
1	158	189	217	248	18	49	79	110	141	171	202	232
2	159	190	218	249	19	50	80	111	142	172	203	233
3	160	191	219	250	20	51	81	112	143	173	204	234
4	161	192	220	251	21	52	82	113	144	174	205	235
5	162	193	221	252	22	53	83	114	145	175	206	236
6	163	194	222	253	23	54	84	115	146	176	207	237
7	164	195	223	254	24	55	85	116	147	177	208	238
8	165	196	224	255	25	56	86	117	148	178	209	239
9	166	197	225	256	26	57	87	118	149	179	210	240
10	167	198	226	257	27	58	88	119	150	180	211	241
11	168	199	227	258	28	59	89	120	151	181	212	242
12	169	200	228	259	29	60	90	121	152	182	213	243
13	170	201	229	260	30	61	91	122	153	183	214	244
14	171	202	230	1	31	62	92	123	154	184	215	245
15	172	203	231	2	32	63	93	124	155	185	216	246
16	173	204	232	3	33	64	94	125	156	186	217	247
17	174	205	233	4	34	65	95	126	157	187	218	248
18	175	206	234	5	35	66	96	127	158	188	219	249
19	176	207	235	6	36	67	97	128	159	189	220	250
20	177	208	236	7	37	68	98	129	160	190	221	251
21	178	209	237	8	38	69	99	130	161	191	222	252
22	179	210	238	9	39	70	100	131	162	192	223	253
23	180	211	239	10	40	71	101	132	163	193	224	254
24	181	212	240	11	41	72	102	133	164	194	225	255
25	182	213	241	12	42	73	103	134	165	195	226	256
26	183	214	242	13	43	74	104	135	166	196	227	257
27	184	215	243	14	44	75	105	136	167	197	228	258
28	185	216	244	15	45	76	106	137	168	198	229	259
29	186		245	16	46	77	107	138	169	199	230	260
30	187		246	17	47	78	108	139	170	200	231	1
31	188		247		48		109	140		201		2

1954・2006・2058年

	1月	2月	3月	4月	5月	6月	7月	8月	9月	10月	11月	12月
1	3	34	62	93	123	154	184	215	246	16	47	77
2	4	35	63	94	124	155	185	216	247	17	48	78
3	5	36	64	95	125	156	186	217	248	18	49	79
4	6	37	65	96	126	157	187	218	249	19	50	80
5	7	38	66	97	127	158	188	219	250	20	51	81
6	8	39	67	98	128	159	189	220	251	21	52	82
7	9	40	68	99	129	160	190	221	252	22	53	83
8	10	41	69	100	130	161	191	222	253	23	54	84
9	11	42	70	101	131	162	192	223	254	24	55	85
10	12	43	71	102	132	163	193	224	255	25	56	86
11	13	44	72	103	133	164	194	225	256	26	57	87
12	14	45	73	104	134	165	195	226	257	27	58	88
13	15	46	74	105	135	166	196	227	258	28	59	89
14	16	47	75	106	136	167	197	228	259	29	60	90
15	17	48	76	107	137	168	198	229	260	30	61	91
16	18	49	77	108	138	169	199	230	1	31	62	92
17	19	50	78	109	139	170	200	231	2	32	63	93
18	20	51	79	110	140	171	201	232	3	33	64	94
19	21	52	80	111	141	172	202	233	4	34	65	95
20	22	53	81	112	142	173	203	234	5	35	66	96
21	23	54	82	113	143	174	204	235	6	36	67	97
22	24	55	83	114	144	175	205	236	7	37	68	98
23	25	56	84	115	145	176	206	237	8	38	69	99
24	26	57	85	116	146	177	207	238	9	39	70	100
25	27	58	86	117	147	178	208	239	10	40	71	101
26	28	59	87	118	148	179	209	240	11	41	72	102
27	29	60	88	119	149	180	210	241	12	42	73	103
28	30	61	89	120	150	181	211	242	13	43	74	104
29	31		90	121	151	182	212	243	14	44	75	105
30	32		91	122	152	183	213	244	15	45	76	106
31	33		92		153		214	245		46		107

1955・2007・2059年

	1月	2月	3月	4月	5月	6月	7月	8月	9月	10月	11月	12月
1	108	139	167	198	228	259	29	60	91	121	152	182
2	109	140	168	199	229	260	30	61	92	122	153	183
3	110	141	169	200	230	1	31	62	93	123	154	184
4	111	142	170	201	231	2	32	63	94	124	155	185
5	112	143	171	202	232	3	33	64	95	125	156	186
6	113	144	172	203	233	4	34	65	96	126	157	187
7	114	145	173	204	234	5	35	66	97	127	158	188
8	115	146	174	205	235	6	36	67	98	128	159	189
9	116	147	175	206	236	7	37	68	99	129	160	190
10	117	148	176	207	237	8	38	69	100	130	161	191
11	118	149	177	208	238	9	39	70	101	131	162	192
12	119	150	178	209	239	10	40	71	102	132	163	193
13	120	151	179	210	240	11	41	72	103	133	164	194
14	121	152	180	211	241	12	42	73	104	134	165	195
15	122	153	181	212	242	13	43	74	105	135	166	196
16	123	154	182	213	243	14	44	75	106	136	167	197
17	124	155	183	214	244	15	45	76	107	137	168	198
18	125	156	184	215	245	16	46	77	108	138	169	199
19	126	157	185	216	246	17	47	78	109	139	170	200
20	127	158	186	217	247	18	48	79	110	140	171	201
21	128	159	187	218	248	19	49	80	111	141	172	202
22	129	160	188	219	249	20	50	81	112	142	173	203
23	130	161	189	220	250	21	51	82	113	143	174	204
24	131	162	190	221	251	22	52	83	114	144	175	205
25	132	163	191	222	252	23	53	84	115	145	176	206
26	133	164	192	223	253	24	54	85	116	146	177	207
27	134	165	193	224	254	25	55	86	117	147	178	208
28	135	166	194	225	255	26	56	87	118	148	179	209
29	136		195	226	256	27	57	88	119	149	180	210
30	137		196	227	257	28	58	89	120	150	181	211
31	138		197		258		59	90		151		212

西暦とツォルキンの対照表

1956・2008・2060年

	1月	2月	3月	4月	5月	6月	7月	8月	9月	10月	11月	12月
1	213	244	13	43	73	104	134	165	196	226	257	27
2	214	245	14	44	74	105	135	166	197	227	258	28
3	215	246	15	45	75	106	136	167	198	228	259	29
4	216	247	16	46	76	107	137	168	199	229	260	30
5	217	248	17	47	77	108	138	169	200	230	1	31
6	218	249	18	48	78	109	139	170	201	231	2	32
7	219	250	19	49	79	110	140	171	202	232	3	33
8	220	251	20	50	80	111	141	172	203	233	4	34
9	221	252	21	51	81	112	142	173	204	234	5	35
10	222	253	22	52	82	113	143	174	205	235	6	36
11	223	254	23	53	83	114	144	175	206	236	7	37
12	224	255	24	54	84	115	145	176	207	237	8	38
13	225	256	25	55	85	116	146	177	208	238	9	39
14	226	257	26	56	86	117	147	178	209	239	10	40
15	227	258	27	57	87	118	148	179	210	240	11	41
16	228	259	28	58	88	119	149	180	211	241	12	42
17	229	260	29	59	89	120	150	181	212	242	13	43
18	230	1	30	60	90	121	151	182	213	243	14	44
19	231	2	31	61	91	122	152	183	214	244	15	45
20	232	3	32	62	92	123	153	184	215	245	16	46
21	233	4	33	63	93	124	154	185	216	246	17	47
22	234	5	34	64	94	125	155	186	217	247	18	48
23	235	6	35	65	95	126	156	187	218	248	19	49
24	236	7	36	66	96	127	157	188	219	249	20	50
25	237	8	37	67	97	128	158	189	220	250	21	51
26	238	9	38	68	98	129	159	190	221	251	22	52
27	239	10	39	69	99	130	160	191	222	252	23	53
28	240	11	40	70	100	131	161	192	223	253	24	54
29	241	12	41	71	101	132	162	193	224	254	25	55
30	242		42	72	102	133	163	194	225	255	26	56
31	243		43		103		164	195		256		57

1957・2009・2061年

	1月	2月	3月	4月	5月	6月	7月	8月	9月	10月	11月	12月
1	58	89	117	148	178	209	239	10	41	71	102	132
2	59	90	118	149	179	210	240	11	42	72	103	133
3	60	91	119	150	180	211	241	12	43	73	104	134
4	61	92	120	151	181	212	242	13	44	74	105	135
5	62	93	121	152	182	213	243	14	45	75	106	136
6	63	94	122	153	183	214	244	15	46	76	107	137
7	64	95	123	154	184	215	245	16	47	77	108	138
8	65	96	124	155	185	216	246	17	48	78	109	139
9	66	97	125	156	186	217	247	18	49	79	110	140
10	67	98	126	157	187	218	248	19	50	80	111	141
11	68	99	127	158	188	219	249	20	51	81	112	142
12	69	100	128	159	189	220	250	21	52	82	113	143
13	70	101	129	160	190	221	251	22	53	83	114	144
14	71	102	130	161	191	222	252	23	54	84	115	145
15	72	103	131	162	192	223	253	24	55	85	116	146
16	73	104	132	163	193	224	254	25	56	86	117	147
17	74	105	133	164	194	225	255	26	57	87	118	148
18	75	106	134	165	195	226	256	27	58	88	119	149
19	76	107	135	166	196	227	257	28	59	89	120	150
20	77	108	136	167	197	228	258	29	60	90	121	151
21	78	109	137	168	198	229	259	30	61	91	122	152
22	79	110	138	169	199	230	260	31	62	92	123	153
23	80	111	139	170	200	231	1	32	63	93	124	154
24	81	112	140	171	201	232	2	33	64	94	125	155
25	82	113	141	172	202	233	3	34	65	95	126	156
26	83	114	142	173	203	234	4	35	66	96	127	157
27	84	115	143	174	204	235	5	36	67	97	128	158
28	85	116	144	175	205	236	6	37	68	98	129	159
29	86		145	176	206	237	7	38	69	99	130	160
30	87		146	177	207	238	8	39	70	100	131	161
31	88		147		208		9	40		101		162

1958・2010・2062年

	1月	2月	3月	4月	5月	6月	7月	8月	9月	10月	11月	12月
1	163	194	222	253	23	54	84	115	146	176	207	237
2	164	195	223	254	24	55	85	116	147	177	208	238
3	165	196	224	255	25	56	86	117	148	178	209	239
4	166	197	225	256	26	57	87	118	149	179	210	240
5	167	198	226	257	27	58	88	119	150	180	211	241
6	168	199	227	258	28	59	89	120	151	181	212	242
7	169	200	228	259	29	60	90	121	152	182	213	243
8	170	201	229	260	30	61	91	122	153	183	214	244
9	171	202	230	1	31	62	92	123	154	184	215	245
10	172	203	231	2	32	63	93	124	155	185	216	246
11	173	204	232	3	33	64	94	125	156	186	217	247
12	174	205	233	4	34	65	95	126	157	187	218	248
13	175	206	234	5	35	66	96	127	158	188	219	249
14	176	207	235	6	36	67	97	128	159	189	220	250
15	177	208	236	7	37	68	98	129	160	190	221	251
16	178	209	237	8	38	69	99	130	161	191	222	252
17	179	210	238	9	39	70	100	131	162	192	223	253
18	180	211	239	10	40	71	101	132	163	193	224	254
19	181	212	240	11	41	72	102	133	164	194	225	255
20	182	213	241	12	42	73	103	134	165	195	226	256
21	183	214	242	13	43	74	104	135	166	196	227	257
22	184	215	243	14	44	75	105	136	167	197	228	258
23	185	216	244	15	45	76	106	137	168	198	229	259
24	186	217	245	16	46	77	107	138	169	199	230	260
25	187	218	246	17	47	78	108	139	170	200	231	1
26	188	219	247	18	48	79	109	140	171	201	232	2
27	189	220	248	19	49	80	110	141	172	202	233	3
28	190	221	249	20	50	81	111	142	173	203	234	4
29	191		250	21	51	82	112	143	174	204	235	5
30	192		251	22	52	83	113	144	175	205	236	6
31	193		252		53		114	145		206		7

1959・2011・2063年

	1月	2月	3月	4月	5月	6月	7月	8月	9月	10月	11月	12月
1	8	39	67	98	128	159	189	220	251	21	52	82
2	9	40	68	99	129	160	190	221	252	22	53	83
3	10	41	69	100	130	161	191	222	253	23	54	84
4	11	42	70	101	131	162	192	223	254	24	55	85
5	12	43	71	102	132	163	193	224	255	25	56	86
6	13	44	72	103	133	164	194	225	256	26	57	87
7	14	45	73	104	134	165	195	226	257	27	58	88
8	15	46	74	105	135	166	196	227	258	28	59	89
9	16	47	75	106	136	167	197	228	259	29	60	90
10	17	48	76	107	137	168	198	229	260	30	61	91
11	18	49	77	108	138	169	199	230	1	31	62	92
12	19	50	78	109	139	170	200	231	2	32	63	93
13	20	51	79	110	140	171	201	232	3	33	64	94
14	21	52	80	111	141	172	202	233	4	34	65	95
15	22	53	81	112	142	173	203	234	5	35	66	96
16	23	54	82	113	143	174	204	235	6	36	67	97
17	24	55	83	114	144	175	205	236	7	37	68	98
18	25	56	84	115	145	176	206	237	8	38	69	99
19	26	57	85	116	146	177	207	238	9	39	70	100
20	27	58	86	117	147	178	208	239	10	40	71	101
21	28	59	87	118	148	179	209	240	11	41	72	102
22	29	60	88	119	149	180	210	241	12	42	73	103
23	30	61	89	120	150	181	211	242	13	43	74	104
24	31	62	90	121	151	182	212	243	14	44	75	105
25	32	63	91	122	152	183	213	244	15	45	76	106
26	33	64	92	123	153	184	214	245	16	46	77	107
27	34	65	93	124	154	185	215	246	17	47	78	108
28	35	66	94	125	155	186	216	247	18	48	79	109
29	36		95	126	156	187	217	248	19	49	80	110
30	37		96	127	157	188	218	249	20	50	81	111
31	38		97		158		219	250		51		112

西暦とツォルキンの対照表

1960・2012・2064年

	1月	2月	3月	4月	5月	6月	7月	8月	9月	10月	11月	12月
1	113	144	173	203	233	4	34	65	96	126	157	187
2	114	145	174	204	234	5	35	66	97	127	158	188
3	115	146	175	205	235	6	36	67	98	128	159	189
4	116	147	176	206	236	7	37	68	99	129	160	190
5	117	148	177	207	237	8	38	69	100	130	161	191
6	118	149	178	208	238	9	39	70	101	131	162	192
7	119	150	179	209	239	10	40	71	102	132	163	193
8	120	151	180	210	240	11	41	72	103	133	164	194
9	121	152	181	211	241	12	42	73	104	134	165	195
10	122	153	182	212	242	13	43	74	105	135	166	196
11	123	154	183	213	243	14	44	75	106	136	167	197
12	124	155	184	214	244	15	45	76	107	137	168	198
13	125	156	185	215	245	16	46	77	108	138	169	199
14	126	157	186	216	246	17	47	78	109	139	170	200
15	127	158	187	217	247	18	48	79	110	140	171	201
16	128	159	188	218	248	19	49	80	111	141	172	202
17	129	160	189	219	249	20	50	81	112	142	173	203
18	130	161	190	220	250	21	51	82	113	143	174	204
19	131	162	191	221	251	22	52	83	114	144	175	205
20	132	163	192	222	252	23	53	84	115	145	176	206
21	133	164	193	223	253	24	54	85	116	146	177	207
22	134	165	194	224	254	25	55	86	117	147	178	208
23	135	166	195	225	255	26	56	87	118	148	179	209
24	136	167	196	226	256	27	57	88	119	149	180	210
25	137	168	197	227	257	28	58	89	120	150	181	211
26	138	169	198	228	258	29	59	90	121	151	182	212
27	139	170	199	229	259	30	60	91	122	152	183	213
28	140	171	200	230	260	31	61	92	123	153	184	214
29	141	172	201	231	1	32	62	93	124	154	185	215
30	142		202	232	2	33	63	94	125	155	186	216
31	143		203		3		64	95		156		217

1961・2013・2065年

	1月	2月	3月	4月	5月	6月	7月	8月	9月	10月	11月	12月
1	218	249	17	48	78	109	139	170	201	231	2	32
2	219	250	18	49	79	110	140	171	202	232	3	33
3	220	251	19	50	80	111	141	172	203	233	4	34
4	221	252	20	51	81	112	142	173	204	234	5	35
5	222	253	21	52	82	113	143	174	205	235	6	36
6	223	254	22	53	83	114	144	175	206	236	7	37
7	224	255	23	54	84	115	145	176	207	237	8	38
8	225	256	24	55	85	116	146	177	208	238	9	39
9	226	257	25	56	86	117	147	178	209	239	10	40
10	227	258	26	57	87	118	148	179	210	240	11	41
11	228	259	27	58	88	119	149	180	211	241	12	42
12	229	260	28	59	89	120	150	181	212	242	13	43
13	230	1	29	60	90	121	151	182	213	243	14	44
14	231	2	30	61	91	122	152	183	214	244	15	45
15	232	3	31	62	92	123	153	184	215	245	16	46
16	233	4	32	63	93	124	154	185	216	246	17	47
17	234	5	33	64	94	125	155	186	217	247	18	48
18	235	6	34	65	95	126	156	187	218	248	19	49
19	236	7	35	66	96	127	157	188	219	249	20	50
20	237	8	36	67	97	128	158	189	220	250	21	51
21	238	9	37	68	98	129	159	190	221	251	22	52
22	239	10	38	69	99	130	160	191	222	252	23	53
23	240	11	39	70	100	131	161	192	223	253	24	54
24	241	12	40	71	101	132	162	193	224	254	25	55
25	242	13	41	72	102	133	163	194	225	255	26	56
26	243	14	42	73	103	134	164	195	226	256	27	57
27	244	15	43	74	104	135	165	196	227	257	28	58
28	245	16	44	75	105	136	166	197	228	258	29	59
29	246		45	76	106	137	167	198	229	259	30	60
30	247		46	77	107	138	168	199	230	260	31	61
31	248		47		108		169	200		1		62

宇宙の周期律表としての
ツォルキン表

		•	••	•••	••••	—	• —	•• —	••• —	•••• —	＝	• ＝	•• ＝	••• ＝
【海】イーミッシュ（赤い龍）		1	21	41	61	81	101	121	141	161	181	201	221	241
【天】イーク（白い風）		2	22	42	62	82	102	122	142	162	182	202	222	242
【土】アクバル（青い夜）		3	23	43	63	83	103	123	143	163	183	203	223	243
【木】カン（黄色い種）		4	24	44	64	84	104	124	144	164	184	204	224	244
【マ】チークチャン（赤い蛇）		5	25	45	65	85	105	125	145	165	185	205	225	245
【火】キーミー（白い世界の橋渡し）		6	26	46	66	86	106	126	146	166	186	206	226	246
【地】マニーク（青い手）		7	27	47	67	87	107	127	147	167	187	207	227	247
【金】ラマト（黄色い星）		8	28	48	68	88	108	128	148	168	188	208	228	248
【水】ムールク（赤い月）		9	29	49	69	89	109	129	149	169	189	209	229	249
【水】オク（白い犬）		10	30	50	70	90	110	130	150	170	190	210	230	250
【金】チューエン（青い猿）		11	31	51	71	91	111	131	151	171	191	211	231	251
【地】エブ（黄色い人）		12	32	52	72	92	112	132	152	172	192	212	232	252
【火】ベン（赤い空歩く人）		13	33	53	73	93	113	133	153	173	193	213	233	253
【マ】イーシュ（白い魔法使い）		14	34	54	74	94	114	134	154	174	194	214	234	254
【木】メン（青い鷲）		15	35	55	75	95	115	135	155	175	195	215	235	255
【土】キーブ（黄色い戦士）		16	36	56	76	96	116	136	156	176	196	216	236	256
【天】カバン（赤い地球）		17	37	57	77	97	117	137	157	177	197	217	237	257
【海】エツナブ（白い鏡）		18	38	58	78	98	118	138	158	178	198	218	238	258
【冥】カウアク（青い嵐）		19	39	59	79	99	119	139	159	179	199	219	239	259
【冥】アハウ（黄色い太陽）		20	40	60	80	100	120	140	160	180	200	220	240	260

〈主な参考文献目録〉

「新版　マヤン・ファクター」ホゼ・アグエイアス　2008年　三五館
「マヤン・オラクル―星に還る道―」アリエル・スピルスバリー、マイケル・プランナー　2009年　ナチュラルスピリット
「古代マヤ暦の暗号」メムノシス・Jr．2007年　ぶんか社
「マヤ文明の謎」青木晴夫　1984年　講談社現代新書
「マヤの預言」A・ギルバート、M・コットレル　1997年　凱風社
「マヤ文明」ポール・ジャンドロ　1981年　白水社
「新しい時間の発見」ホゼ&ロイディーン・アグエイアス　1997年　風雲舎
「アナスタシア」ウラジーミル・メグレ　2012年　ナチュラルスピリット
「響きわたるシベリア杉」ウラジーミル・メグレ　2013年　ナチュラルスピリット
「愛の空間」ウラジーミル・メグレ　2014年　ナチュラルスピリット
「共同の創造」ウラジーミル・メグレ　2014年　評論社
「新約聖書Ⅰ」佐藤優　2010年　文春新書
「新約聖書Ⅱ」佐藤優　2010年　文春新書
「神との対話　25のコア・メッセージ」ニール・ドナルド・ウォルシュ　2015年　サンマーク出版
「夢をつなぐ」山崎直子　2010年　角川書店
「迷子のすすめ」阿　純章　2014年　春秋社
「奇跡の脳」ジル・ボルト・テイラー　2009年新潮社
「大局観」羽生善治　2011年　角川oneテーマ21
「潜在意識をとことん使いこなす」C・ジェームス・ジェンセン　2015年　サンマーク出版
「2012年の黙示録」なわ・ふみひと　2004年　たま出版
「臨死体験が教えてくれた宇宙の仕組み」木内鶴彦2014年　晋遊舎

究極のマヤの叡知「13」×「20」 パート1「銀河の音」

2015年10月19日 第1刷発行
2017年3月12日 第3刷発行

著 者———越川宗亮

発行人———杉山 隆

発行所———コスモ21
〒171-0021 東京都豊島区西池袋2-39-6-8F
☎03(3988)3911
FAX03(3988)7062
URL http://www.cos21.com/

印刷・製本——中央精版印刷株式会社

定価はカバーに表示してあります。

ISBN978-4-87795-325-6 C0030